元木慶次郎 編
佐藤金一郎 絵

改訂新版

会津そば口上《こうじょう》

歴史春秋社

会津はそばの一大産地だ。どこでも良質のそばが出来る。
遠く、会津磐梯山が見える猪苗代町。

三島町の美坂高原のそば畑。山間部のそばは香りが高く、
うまいのだ。

そばには絶対あざき大根だ。この大根は体は丸くひげが多く朝鮮人参に似ている。この会津金山町の太郎布が一番だ。他所で育てると味も香りも普通の大根になってしまう。実に不思議なのだ。

そば口上

結婚式の披露宴のにぎわいに一層楽しいムードをつくるため、手伝いの若衆が女の美しい下着をきて、豆しぼりの手ぬぐいで鉢巻きをし、片手に扇をもって、一、二膳のそばを盆にのせて、めでたいそばのほめ言葉に節をつけて面白おかしく述べる。

そばを御馳走するとき、お客様においしく食べてもらうためのそばのほめ言葉である。

見振り手振り楽しく「そば口上」をする会津高田町の坂内春吉氏

女物の長襦袢を着て「そば口上」をする会津高田町の三星巽氏

「そば口上」が終り座が大いに盛り上ったそば会場

ぎゅっぎゅっとこねたそばを
そば打ち棒で延ばし、大きな
包丁で切って出来上り

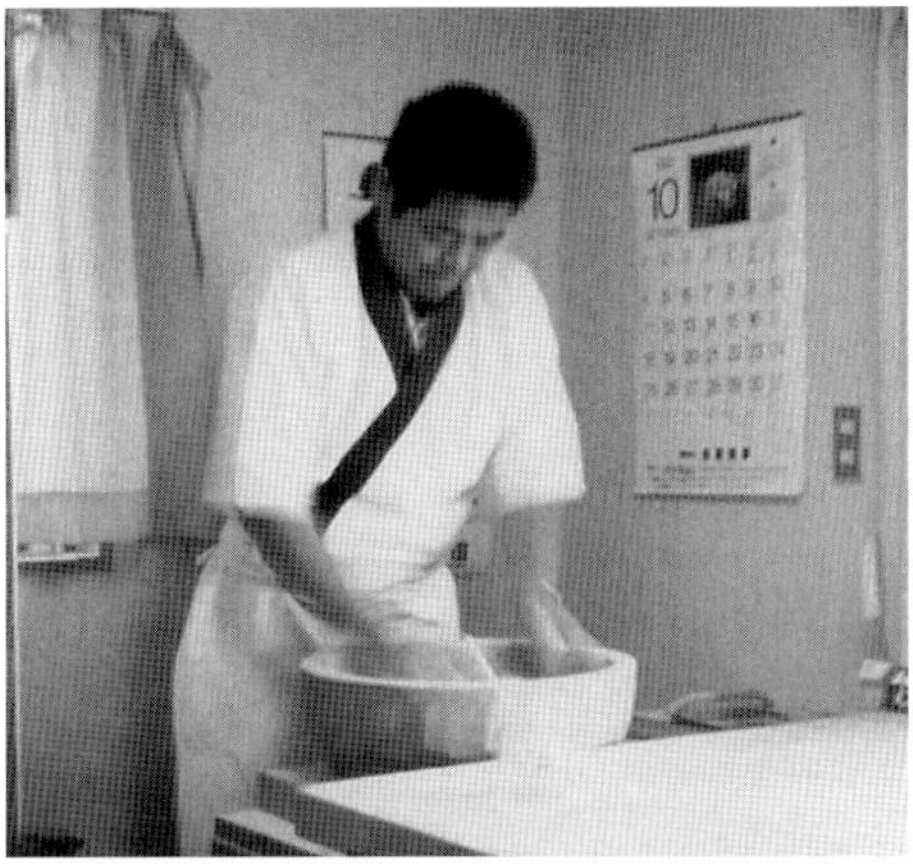

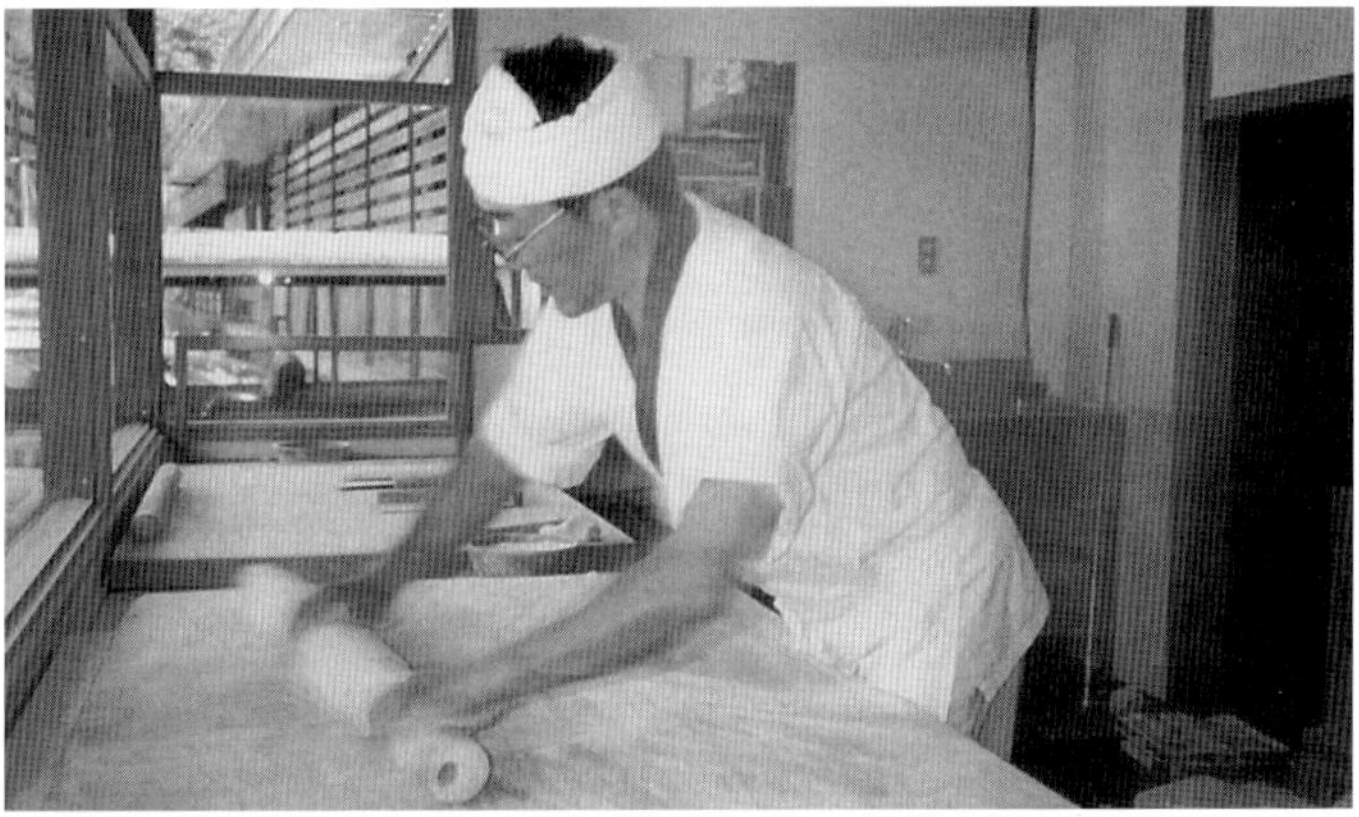

まえがき

私は健康食品であるそばが大好きで、他所に出かけた時は努めてそば処を尋ねて歩いている。また我が家では大晦日の年越そばは自家製で、家族みんなで楽しく食べることにしている。

会津若松市内の有名なそば屋さんの食堂に、「そばの誉め口上」や「瓦版蕎麦」などの題名で、おもしろおかしい文句を書いた横長の額が掲げてあるのをみて、たいへん興味を深くした。また会津高田町誌の民俗として「そば売口上」の全文が記入されているのを読んで更に関心を高め、わが会津地方の各地にもあるのかどうか発掘調査してみようと計画を立てた。

「そば口上」の「口上」という言葉は、辞書には「口で述べること」または「そのことば」を表わすと書いてある。また「そば口上」はどんな時に行われるのか調べると、わが会津地方には結婚式が行われたあとの祝宴の席上で、「さんさ時雨」や「めでた」などの祝い歌を歌うかわりに、手伝いの若衆が女の美しい下着をきて豆しぼりの手ぬぐいで鉢巻をして片手に扇をもち、一、二膳のそばを盆にのせ、お客様にそばをうまく食べてもらうために、「そばのほめ言葉」に節をつけておもしろおかしく述べる風習のあることを知った。そういえば私が幼い頃隣組の結婚式の手伝いに母に連れられて行ったとき、宴会の座敷で村人が「そば口上」を行っているのを見たことがあるのを思い出した。

最近はそば食に人気が高まり、各地でそば会が盛大に行われ、その席上で「そば口上」が披露されたことなど新聞等で写真入りで報道されている。

以上のことから先ず「そば口上」とわが町について調査したところ、町内の各地にたくさんあること、ＮＨＫから放映されたり、そば会で実演された方もおり数多く集めることができた。

会津管内の他の市町村については、実演された方、郷土史研究家、文化関係担当者等へ直接問合せたり、市町村誌、個人や団体の著書などからも数多く集めることができましたこと、皆様のご協力に対し深く感謝申しあげます。

平成四年五月

編者　元木　慶次郎

平成六年に発刊した『会津そば口上』は、平成四年に出版した『おらがあいづのそば口上』を改訂したものです。

本書は、『会津そば口上』の改訂新版として作成したものであり、そのため市町村名は初版発刊当時のものを使用しております。また、旧字は新字に訂正いたしました。

目次

会津そば口上

会津若松市

瓦版蕎麦づくし

アアラめでたいなめでたいな、またあら玉の新そばに、御祝儀めでたき手打そば、親子南ばん仲もよく、女夫はちんちん鴨そばで、暮れるとすぐにねぎ南ばん、上から夜着をぶっかけそば、かけかけかけさんへあんかけの、その御利益はあられそば、やがて出でたる玉子とじ、あつもりおいて育てあげ、蝶よ花まきもてはやし、かかるめでたき折からは、悪魔うどんが飛んでいで、薬味からみをぬかすなら、大根卸しでおろしつけ、したじの中へさらりさらり。

明

会津若松市西栄町柳屋食堂の「掲額」

店主　斎藤泰雄提供（敬称略・以後同じ）

そばの唄

そば種蒔いて三月目に、村々よい子を先に立て、峠向うの小平の、そばの畑を見に行こう、色もあざやか葉も伸びて、先の重なるほど実がついて、秋の仕事もせわしいが、そばの喰べ頃もう過ぎる、利鎌を入れて刈りとって、からざを打たせ粉にひいて、ふるいにかけて水で捏ね、銀の鉋丁の切れ味に、糸ほど細く切りだして、味もほどよく色もよく、お膳にのせた手際よさ、都上りの新監司、お国帰りの旧監司、そばの味なとみてお行き、あとが欲しいと云わりように。

明泉

祝開店　　会津若松市材木町二丸屋の「掲額」

二丸屋賛江　　昭和十七年能春

そばの誉め口上

東西東西、チョイト鳴物をば止めおきまして、ほほうほうと誉めましょう、誉めましょう。ほめるようこそ知らねども、さっと浅気にほめましょう。

さて本日御当家のお祝、餅そばのご馳走にて、唯今にてはそば、一の谷ではなけれども、

そばの盛りようでは敦盛で、そばの切りよう玉織姫で、たれは高遠、さっとかけたる花鰹、
一つ　ひばならこの奴
二つ　ふたをばポンと取り
三つ　みごとに盛り重ね
四つ　よそのお客様
五つ　出雲の神縁結のそばなれば
六つ　無性に売りひろげ
七つ　名高きそばゆえに
八つ　やたらと出がらんせえ
九つ　こゝでのお相伴
十に　とっくりとお上り下されば
わしゃ嬉しやとほほう敬って申されます

明

会津若松市材木町二丸屋の「揭額」

そば口上

東西、東西ととめおきましてはお客さまのご言上にもたまわりまして、はっとはつれい、一寸違うた失礼であった。

私は会津若松湊町崎川浜の寺木勝美さんのそば屋の奴でございます。まずそばの作法は知らねども、二日三日に種をまき、十日二十日で花が咲き、花が咲いてはみかどたつ、そのみかどと申するは、昔金帝さまのおまんだらにさも似たり。一条通りは大納言、二条通りは中納言、三条通りは少納言、四条通りを形どって、五段のそばと呼びかけしはこの奴、

一つ　ひまないこの奴
二つ　ふたおばとりあげて
三つ　みごとにもり重ね
四つ　よそうの村までも、うれるやはやるやこの奴
五つ　いつもひまはない
六つ　むだんにあがらんせ
七つ　なにごとなきときも
八つ　屋敷の祝いそば

九つ　この屋のそばなれば
十に　父さん母さんのごちそうそば
花嫁さまにも花婿さまにもおはらにトテリンとたまりしたまりの下地をかけうり上げますから、ゆるゆるゆっくりとお上り下さい。

『猪苗代湖の民俗』熊倉光瑞
寺木シマオ　口上

そば口上

東西東西と何とお客さまのご口上をとめおきまして誠に失礼なれど、私は会津若松市湊町二の字屋のそば奴でござい。
さてさてお客さま、そばの作法とて別段に知らねども、夏の土用に種をまき、二日三日で芽を出して、十日二十日で花が咲き、花がさいてはみかどたつ、みかどということは、昔金帝さまのおまんだらにもさも似たり、一条通りは大納言、二条通りは中納言、三条通りは大納言、四条通りは平納言、五条通りをかたどって、五段のそばと呼びかけしはこれ奴でござい。一から十、十から一と、

一つ　ひまなくこの奴
二つ　ふたをばとりあげて
三つ　みごとにもり重ね
四つ　よそうの村までもうれるやはやるやこの奴
五つ　いつきてみてもひまはなく
六つ　むだんであがらんせ
七つ　なにごとないように
八つ　屋敷の祝いそば
九つ　この場のご祝言そば
十に　父さん母さんのごちそうのそばなれば
花むこさんや花嫁さん、二つ枕で三つ布団、腹にポテリン、ポテリンと、たまりの下地でゆるりゆっくりとこの場を歌でも歌ってにぎやかに、おあがり下さることおん願い申し上げますする。

『猪苗代湖の民俗』熊倉光瑞
寺木寅春　口上

そば口上

とざい、とーざい。とざい、とーざい。とはあまりにも高うございますが、御客様にもはばからず、廻り出でましたるは湊町大字赤井字笹山原は、そばの名物であります。

さてそば屋の奴が出てきまして、そばの作法は知らねども、年に三度の土用あり、中の土用に種子を蒔き、二日三日に芽を出し茎となり、花が咲いては皇《みかど》と成る、皇《みかど》と申するは昔きんてい様のきょくまん所、さて、婚礼と申するは人間一生一代花が咲くとの事なれば、紫褥殿殿《ししんでんどの》の御門《おんもん》迄も入《い》る様に、さて、京都と申するは一代殿が関白殿、二代殿が左大臣、三代殿が大納言、四代殿が中納言、五代殿が少納言、この五代通りを形取《かたど》って、五段のそばと名を付けて、こんにち婚礼の御座敷にお売り出すはそば屋の奴で御座居ます。

さあ〳〵あちらでも一膳、此ちらでも一膳、と買取られましたる此のそばの一代記を申し上げます。

秋の土用に成りますれば、鎌足候にと刈り取られ、うすきねのざんぎんに依り、いすす五郎の目に掛り、絹羽二重の目をしのびて暫時《ざんじ》鉢の村にと休息致し、四尺四面の盤の上にと立ち上り、三尺棒にと巻きしめられて、どうしょうば、こうしょうば、ではなけれども、会津で国定、四国でとうしょく名馬、馬の駒にとひらりと乗りて、きょきん〳〵と切り離されて暫時湯の中にと入れられて火花散らして戦いば、あやうい所と見受けられ、揚げざる候にとすくい上られ、これより東なる猪苗代湖にと七日七夜を祈祷なし、祈祷なしたる此のそばなれば花のお江戸の広小路、まき神明前の馬方そばとは事違います。按配は義経、かんは味盛、一の谷ではなけれども、そばは平山食え所、かような盛で僅か値段はにはつの値段、花嫁さんと花婿さんは、二つ枕に三つ布団、合いや互にねぎさしみ、腹はぽてれーんとたまりのしたじ、隣御座敷でもそば屋〳〵と呼びなんす。何事置いても行かねばなるまい。

さようなら。

内田サツ

喜多方市

そば口上

一人（先頭）は羽織袴でお椀にそばを盛り、ネギを立てお盆に乗せて持つ。他の一人は袴で列席者の分を持ってつく。下手から出て中央に立って口上を述べる。

〽東西東西、チョト鳴り物を止め置きまして、まず今日御祝儀は、キクラゲより始め、手料理すべて松茸で、お客様には初茸で、飲めやあがれやシイタケで、キノコずくしは知らねども、序出ばかりに大きに述べた。述べたところは御免なれ、拙者若い竹だとおぼしめしくだされ、はじかきシメジのないうちは、とんとここらで止めおきましょう。

お座敷見れば七福神のお酒盛り、お仲人様は御縁結びの出雲の神なり、お花嫁さまは弁財天女申すなり。お婿さまは、浦島太郎さまぞと申すなり。めでたき鯛を釣り竿に、末なる御代こそ末永くゆく末永く、長柄の銚子に雌蝶、雄蝶を結えつけ、お仲人さま御手とらえて、銚子具合としめつければ、お杓子方へと渡される。まず式三方は、二人の仲のかわらげよ、姉さん飲んで兄さんと、兄さん飲んで姉さんと、ここでひとつの御祝詞をこしごむまでこえびかな、あとのためにと勢出して、よき田作るもまず今、あらめでたき三三九度のとり結び、御家内御一同さまは申すに及ばず、われわれいやしきそば売りやっこまでも、よろこぶと申し上げ奉るなり。

そば売りじゃ、そば売りじゃ、こちのそばと申しまするは、畑山かげに住いをいたす者なるが、四、五月頃に蒔きすてられ、九月十月頃となりぬれば、鎌足公にと刈りとられ、臼と杵のざんげんで、ようよう臼石の手にかかり、朱塗りの鉢に入れられて、湯や水にてこねられて、正直なる棒にて、かくなるそばも薄う丸と打ちのばされ、昔たとえは知らねども、名馬の駒にうち乗りて、会津で鎌足、四国で藤四郎将門を、すわりと抜いて、はっしはっしと戦いけるも、よもや身もあやしいと見えければ、湯の中火の中さっととび越え火花を散らして戦いけるが、さすがに竹川上げざる公にと、すくい上げられ、流れの川に身を清め、すぐに全部にうち向う。

一番にたれかつ

二番に大根すぼりの助

三番にさんしょう
四番にねぎ四郎高綱
五番にごましょうてん但馬守
六番に紀国みかんの助
七番に相馬ゆずの守
八番にあら切り舘の十郎
九番にくるみの五郎油之助
十番に納豆太郎糸姫公にとまきとられ
はしはながちなどを共に連れ、奥歯の茶屋へと腰をかけ、しょなりくなり、しょなりくなりと、のどの細道、腹の町へと行くばかり、
一つ　ひまないこの奴
二つ　ふたをばちゃんととり
三つ　みごとなこのそばを
四つ　よそのお客さま

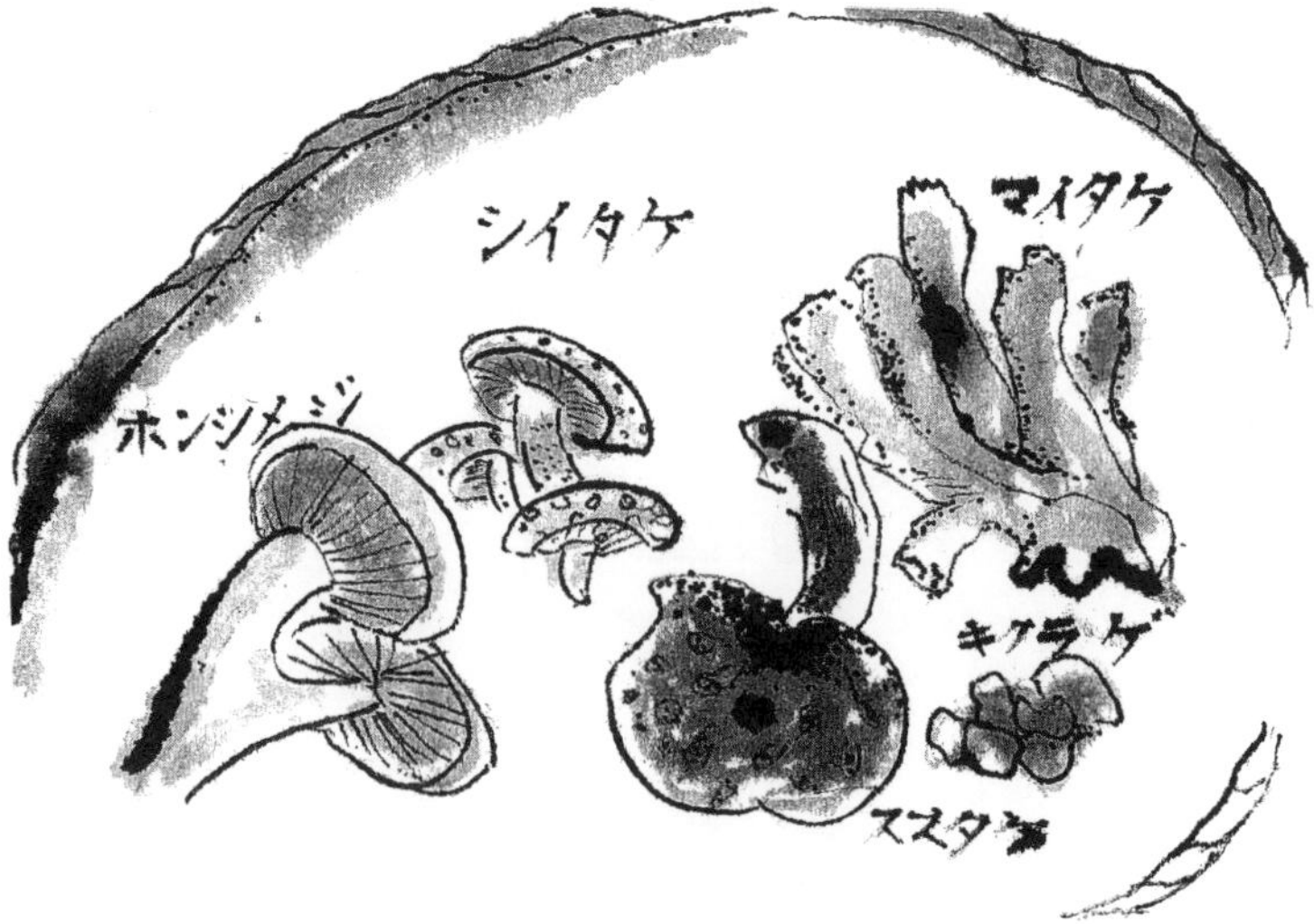

五つ　遠慮のないように
六つ　無理にも上らんせ
七つ　名代のこのそばを
八つ　奴が売りかける
九つ　こけうら御相伴様
十は　とっぷりとお上りなさんせ
あらら売れる、こうら売れる、あちらでも御用とおっしゃる、こちらでも御用とおっしゃる。一杯二杯三杯とたび重なる。天の岩戸はおし開くというなり。
鯛こまめに数の子を、いかさばするめまき卵子、貝あわびの鮒丸太、少しおさえてよ花婿様に御酒を上げます。
ああらたこ魚といわしかな、君がこずえにはりめきて、においはるけき、朝あらし、麻裃にはりまがた、高砂もいう、この浦船に帆を上げて、庭に遊ぶは鶴と亀、げに七島の道までも、ふうきの家にとなりにける。ためしはここにかわらけの、千秋万世と納まる縁こそめでたけれ。

荒井俊弘　口上

新鶴村

そば売り口上

東西東西と云って、御客様の御酒盛りを一寸止め置きまして、粗相な奴まかり出て褒める作法も知らねども、さっとあさぎ褒めかけましょう。

サテ、サテ、そば―そば―の本家、本元は、裏の畑に育ちまして、六七八九月の末頃までにも、据え置かれ、百姓様の御手みづから刈り取られ、里前にと持ち運ばれて、くるくる廻る稲扱きの網おばくぐって羽二重様へとお目通り、鉢中、鉢中へとはせ参じ、湯水引き寄せ、でっちでっちと御相談、シャッチシャッチト叩かれしが、鍋島鍋中へと陣取って、若い姉さんの五本指で雫たらされお膳の上にと盛り重ねられ、サテ、サテ、そば屋の奴出たついで、

もう一つの褒めかけましょう。

二つ　蓋をばさっと取り
三つ　見事に盛り重ねられ
四つ　余所のお客様よ
五つ　何時も変わらない
六つ　むしょうと褒めたてられて
七つ　名高き名も高い
八つ　野暮なるこの己が
九つ　この場で大繁盛
十に　当所の名物は
盛りは平家の高盛のごとし、味は平家の味もりのごとし、売れるは売れるは良く売れる、
あちらでも一杯、こちらでも一杯、良く売れる、勝手の方では色ちゃんが、そば屋そば屋
と呼ぶからにゃ、行って見なくちゃー

『新鶴村ざっとむかし』
川上光男

そば褒めことば

とうざいとうざい、とこのなりものを止めおきまして、ちょっとでましたこの奴、ほめましょうかほめましょうか、ほめることばはしらねども、ちょっとめでたくほめましょう、おんざしきのおん客さま、日本の名物福島のそば、福島県の名物、会津のそば、会津で名物みよのそば、みよでそば、くうて腹福良、おざしきうらわ、ふん水見て、帆かけ船、あんばいは義経、ねだんは高き、たかとうで、今日お出のおん客様、うどんやそばと、おっしゃれど、そばとうは、

一つ　ひまないこの奴
二つ　ふたおばぽんととり
三つ　見ごとにもり重ね
四つ　よそおいの村までも
五つ　いつまでもさわりよく
六つ　むしょうにあがらんしょ
七つ　名代のそばなれど
八つ　屋敷に俵を積みかさね
九つ　こちらでお相伴

十に　とっくりとおあがりくなんしょ

『新鶴村ざっとむかし』
山田ソノ

そばほめことば

そもそも、そば太郎三つかどと申するは、一、二、三、四、五、六、七、八、九月土用と相成ますれば、かぢや鎌たり公に刈り取られ、しばらくは俵村にと、住まいをいたし、百臼五郎左衛門の目をしのび、ふるいや絹兵衛の目通りと相成り、はちつか村にと相より、湯水の相談により、四角四面の板にのせられ、やはり兵法のけいこをなさる、板駒という、名馬に打ちのり、火花を散らして、戦う時、すでに、あやうく見えし時、おいのう殿にと、すくい揚げられ、水の中にて身を清め、さても見事な、このそばは、前歯太郎にかみこまれ、奥歯の茶やにと腰をかけ、べろの車に乗せられて、のどの細道、さらさらと、むないた橋も無事にすぎ、腹の町へと、急がるる、ごゆっくりと召し上がられて申す。

『新鶴村ざっとむかし』
山田ソノ

蕎麦売り

東西〳〵と囀《さい》つる此の奴、東は東山温泉不動の瀧、西は柳津切り舞台、さーて〳〵私は赤城太郎三つ角と申する蕎麦屋で御座います。

六・七月の頃土用に入れば鹿野畑《かのばた》へと蒔きつけられ、八・九月に至れば誕生なしたる其処大職官鎌足公へと刈り取られ、軒場《のきば》或は野原に暫く思案を到し、臼杵《うすきね》の讒言《ざんげん》に依り石臼の目をただし絹羽二重の目を忍び出て、それよりは丸き鉢左衛門方にて、湯水とともにでっつ〳〵と断行致し、道場破りではなけれ共四角四面の盤上にて、桐野利秋公と柔剣術をして、てこてんと打ち習い、名馬の駒にひらりと打ち乗り、じょっき〳〵と切り離し、直くに湯の中へと飛び込み、火花散らして戦いけり。危うき所を竹皮上笊公へと救い取られ、三日三晩の行をなし、七瀬氷《ななせのこおり》を取ったる蕎麦なれば、白箸集まりて黒椀に打ち盛り盛ったる盛は鉄拐《てっかい》が森、これにておわしは一文もなし、御客様沢山お上り下さい。

またまたこのそばの申されまするには、前歯の茶屋へと腰を掛け、奥歯の茶屋へと腰を掛け、のどの細道しょなしょなと、腹の松原へ行って休息したいと申します。

どうぞお客様ゆっくりおあがり下さい。

したぢ売り

大堀一雄

まーたまたまた、此の蕎麦には美味《うま》い煮汁《したず》が御座います。
第一番には鰹たれの助
第二番には大根高遠絞りの助
第三番には紀の国みかんの助
第四番にはねぶや太郎じょっき〳〵と刻まれし
第五番にはごま塩の守《かみ》
第六番には黒壺《つぼ》おどしの鎧召《よろいめし》
第七番には納豆大郎いとひげ太夫、蚕ではなけれども糸の立ち事数知れず
第八番には柚《ゆず》の助
第九番にはくるみ油の助
第十番には徳川時代の侍ではなけれども骨を削って味《あじわい》を出したるしたぢなれば、これまた澤山お上り下さい。

会津本郷町

そばの褒詞

東西〳〵と御客様の御声を止めおきまして、甚だ失礼とは存じますが、私は山形生まれの粗相なる奴なれば文句違いや仮名違い、弁の切れない所は真平御免を破りまして、これよりそばの褒詞ちょと申し奉る。

そうばらくや〳〵そばの太郎三角と申しまして、山畑の上段にと誕生致し七、八、九月土用の頃までと陣を張り、その頃、里前におかれましては大将軍鎌足公にと刈りとられ、臼、杵、の懺悔によりて俵村へと住居を致す。

石臼の目を忍び絹羽二重のお目通り八鹿村へと寄り集まり湯水を集めて相談し、四角四面の盤の上、ふし無し、松板、切棒と云ふ《う》良君にて剣術を打習い、はっし〳〵と戦いしが危うき所鍋、柴、釜へと飛込みまた〳〵火花を散らして戦いしが、危うき所竹皮あげざる公にとすくいとられ、水の中へと休息いたす。白箸兄弟立寄りて御膳までもと盛り重ねられ、これより腹の町へと参るには一から十までの郎党が居るその郎党をおたづねとあるならば、

一番にはたりかじう
二番には幕の内葱助
三番には大根しぼりたかとうの助
四番にはあいまいゆずの守
五番には胡麻塩の神
六番にはからか又衛門
七番には七味芥子の太郎
八番には八方にらみの鷹の爪
九番には胡麻油の太郎
十番には納豆糸ひげ公

これにて一から十までの郎党を引連れまして腹の町へと参るには、前歯の番所でとがめられ、奥歯の茶屋にと腰をかけ、おのどの細道どや〳〵と胸板橋を通りのけ腹の町へとつきにけり。

ほゝうやまって候。

佐藤敏治

会津高田町

蕎麦の褒口上

東西〳〵、と鳴物までも止めおきまして、おん客さんのお酒盛りの真最中をも憚らず、罷り出でましたるは、此の家の主人に頼まれまして、はるばる遠い、信州は信濃の国、更科郡は奥山村で、蕎麦屋渡世をいたす、田舎そば屋の奴にて、今日此方様お舘のお目出たいお座敷へ蕎麦売りに、罷り出でたる次第で御座る。扨てこの五段の蕎麦と申するはと云っても、褒めるさほうは知らない、先づ蕎麦の故郷を尋ねまして、蕎麦一代の物語りを申し上げましょう。

よくも〳〵蕎麦太郎三っ角と申するは、夏の土用暑い最中《さなか》に、種子を蒔かれ、僅か三日四日で生い立ちて、秋の彼岸前に花が咲き、蜂や蝶々にもてはやされて、実を結び、三角もたちたる頃になれば鎌足公に刈り採られ、頭と胴とを揉《も》みはなされ、奉行唐箕之守の詮策で、頭のみ集められ、暫くは俵村にて恙く暮らせしが、ある日俵村より引き出され、石臼五郎左衛門殿に擂《す》り砕かれ、絹羽二重節之助の目を逃れ、丸木鉢右衛門方に身を寄せしが、それも束の間湯攻め水攻めに、でっちあげられ、四角四面の栃の盤台に乗せられ桐野中巻公に巻きとられ、とん〳〵てん〳〵と打ち伸ばされ、庖丁丸の刃《やいば》にかかり、一分試し一厘試しに刻まれて、石川五右衛門じゃなけれ共、煮えくり返った釜鍋の中へ投げ込まれたり、あゝこれでは到底かなわじと思いし時、竹皮の揚笊公に掬いあげられ、暫くは水の中に身を潜《ひそ》めしが、間もなく水中よりひきあげられ、簀の子箱之助殿の座敷に寝かせられ、あゝやれ〳〵と、暫く休息致せしが、急に腹の町へ、旅立つことに相成り、そこで一族の者に布令を出す、先づ

一番に垂鰹《かつお》之助
二番に大根絞り高遠之助
三番に紀州蜜柑之助たり
四番に葱《ねぶか》の四郎大綱
五番に胡麻塩但馬之守
六番に相馬柚《ゆず》之丞《じょう》
七番に鷹の爪七味之助

八番に梅漬子太郎種有
九番に鬼胡桃五郎丸
十番に納豆苞《つと》糸姫
十一番に振掛海苔次郎
まだ此外沢山ゐるが、中でも芹《せり》川鴨之助、山鳥牛蒡、陸奥之守は、忘れてはならない、
斯る面々が集まって、丼瀬戸右衛門殿の情で勢揃い致し、二本連木の割箸殿の案内で、前歯の宿から舌の車に乗せられて、奥歯の茶屋で腰を掛け喉の細道よな〱と鼻唄声も高々と、蕎麦は垂をばいたわりつ、垂は蕎麦を慕いつゝ……、肋の峠も恙く、腹の町にと着きにけり、
さあ〱おん客さん、謂も高いこの後段の蕎麦、味も盛りも日本一、さあ一杯如何です、さあどうぞ蕎麦を肴て飲み直し唄って踊って下しゃんせ、では是にて失礼仕る。

「巻物」

そば口上

東西〱一寸鳴り物をとめおきまして、御客様への御馳走にさっと浅きに褒めましょう。
昔羽柴築前の守の家臣にて、御門の入道蕎麦也と一騎当千の若侍、その出で立つ姿をみ

せてやれば、身には黒壺縅の鎧着て、白葱のはじまきしっかと締め、白箸の薙刀一寸小脇に掻込んで、高遠の馬にと打乗って、向うは大勢身は一騎、我れ一膳を打ち取らんと、ここに盛りたるこの蕎麦は、会津名物手打そば、食えば甘露の味がして、長寿長命間違なし。どうぞ御客様お召し上り下さいます様、上手で長いは又良いけれど、下手で長いは座が寂る。

早くやめろと出ぬうちに、ここらでとんと止め置きまして、まずはほゝ御敬って申上げます。

会津高田町そば処梅庵の「掲額」　店主　鈴木金昭

そば売り口上

そばそばそば、そばの本家本元は、江戸は馬喰町二丁目角の権助と名のって、永らくそば売り営業仕り、月日というて指折りして見ますると、ちょうど二年二カ月二十二日と相成りまして、本日は幸い四方諸君のおん引き立てをこうむり、そば沢山の注文をとり、我が身にとり大仰至極に存じ奉り、その屋そばと申するは、山畑上段に誕生し、四五六七八月頃まで陣を取り、大食漢鎌足公にと刈り取られ、臼杵のざん言により、俵村へと住居致し石臼五郎左衛門に御目通り、絹羽二重の目をしのび、鉢すか村へと湯水をひきよせ、ようやく集って相談致し、四角四面のばん上にと打ちのばされて、すてんてんと手わら兵法のけいこを致し、馬板駒にうち乗り、越後では鎌足、会津では重定の鍛える宝刀を以て、一分だめしや二分だめし、ショッキショッキと切り放され、それとみるより鍋釜の中に入れられ、すでに一命危うきところ、升皮揚笊公先生にすくい上げられ、今一度合戦仕らんと寒中にもいとわず水の中にざぶんとばかりとび込んだり、やおよろづの神にいっしんふらりんとなって念じ奉り、あらわれ出でました白箸老生の手にかかり、てんでてんでに白さやの一刀腰にたばさんで、そば箱の上に勢ぞろい、ああら見事なり。これより腹の町へと参るには、前歯の宿を通りぬけ、奥歯の茶屋へと腰をかけ、のどの細道たよたよと、胸板橋を打ちわたり、腹の町へとつけにけり。まった一番から十番までの友勢を引きつれ

一番にはたれかっ公
二番には幕の内根深之助
三番にはさんしょう三河の国ピリピリの将軍
四番にはあいまゆづの神
五番はゴマ塩の神
六番にはからかわ荒木又右衛門

七番には七味からし
八番には八方にらみのたかの爪
九番にはくるみ油之助
十番には納豆糸長ひげの太郎
これより伺いなおして奴を以て売りかけましょう。
一つ　ひまなきこのそば屋
二つ　蓋をばそっととり
三つ　見事に盛り重ね
四つ　よそのお客さん
五つ　いつ来てみてもさわりなく
六つ　むしょうと売りかける
奴がこれより客にそば渡し、
そうりゃ、そうりゃ、まわって来たぞや廻って来たぞや、あわびやたこのとさたら、なしたしにかけさしる、あわまのつよらしい。ほほさわやかにあかさたな、はまやらわ、いきしちに、ほもよろうを、ひとつつきににぎわし、はじかみ、ほんこめ、しめるかみしめる、おくりのきのおくりくち、合わせて切口ぬっきり口親が嘉平、子が喜平、おうやお、みの子か兵衛、貴様の茶盆がかわ茶盆、てっぱいぱあかのしっぽころうびのみはりなり、みとぼんたせば川原のなでしこ、皆如来あほだらたあたあ、ガラガラ、ピュウピュウ、起き上り小法子、ゆうべこぼうし、またこぼし、こったらたあたあ、うてさあさあ煮ても焼いても食わぬものは、石持童子の、くじょうの羅生門なり。
七つ　浪花で名も高き
八つ　やぼなる拙者奴が
九つ　この場で大繁昌
十に当所の名物をおあがりなさいやお求めなさい、おあしとて今すぐ頂くにはあらず、千代に八千代に栄えての後、花嫁のおぼたてまでお貸しますからだんだんとおあがりおためし、まづはおん家の納まるみ代こそ目出たけれ。

『会津高田町誌』三九二頁

そば口上

東西〳〵お客様方の御言葉一寸止め置きまして、ほめる言葉も知らないが、前置口上ぬきにして浅き気をふり廻し、そばの太郎三ツ角と申しまする御人は山畑《ばた》にと住居な致し、一二三……九月土用と相成ますれば鍛冶鎌足公に刈り取られ、石ギネのざんげんによりまして、石うす五郎左衛門の目にとまり、絹羽二重の目を忍びヤワラけんどん屋にと飛び込み剣術の稽古を致しますが、ヲテテコテンと叩きのーばされ、危や湯の中水の中にと打込められる。一命危し所をば竹皮上ざる郷《こう》にと救い取られん。

さて御膳《ごぜん》と相成りますれば、いの一番にタレ勝つ郷、二番に幕の内のネブカ、三番サンショウピリット小粒の太郎、三羽烏を共にして二本の箸をば杖に取り、喉の峠は花唄で〽ハア俺とお前は双葉の松よ、枯れて落ちてもはなれまいと、唄いながらに腹内に行く時のいい事は、いかん、きんかん、酒かん、親はせっかん、子はきかん。

そば売り口上

さて〳〵よお客さん
一つ　ひまなくこのやっ子
二つ　ふたまでちゃんととり
三つ　見事にもったそば
四つ　ヨソサン客さんも
五つ　いつ迄も変わりなく
六つ　むしょうにうまいそば

七つ　なにかにさておいて
八つ　やぼなるケセセミの
九つ　此の家の目出度さよ
十に　当家は益々栄えましょう
後の文句はその時次第。

玉木雅吉　口上

蕎麦売り口上

東西〳〵罷り出でましたる此方旦那様に頼まれまして、はるばる遠い信州は更科郡奥山村でそば屋渡世をいたす田舎そば屋の奴でござる。今日此方様の目出たい御座敷へ蕎麦売に罷り出でたる次第で御座る。

扨さて此の後奴の蕎麦と申するはと言っても賞める作法も知らないので、蕎麦一代の物語を申し上げましょう。

抑々此の蕎麦太郎三角と申するは、夏の土用の暑い最中に種子をまかれ、僅か三日か四日で生い立ち、秋の彼岸頃になれば白い可憐花が咲き、蜂や蝶々にもて囃されながら実を結び、三角立ちたる頃ともなれば、鎌足公に刈り採られ、首と胴とをもみはなされ、奉行唐箕之守の詮議を受け、頭のみ俵村に集められ恙く暮せしが、ある日俵村より連れ出され、石臼五郎左衛門に擂り砕かれ、絹羽二重節之輔の目を逃れ、丸木鉢衛門方に身を寄せしがそもの束の間の攻め湯攻めにでっちあげられ、四角四面の栃の盤台に乗せられ、桐野中巻公に巻きとられ、とん〱てん〱と打ち伸ばされ、庖丁丸の刃にかかり、一分試し二分試しに刻まれて、石川五郎左衛門じゃあるまいに、煮えくり返った釜鍋の中に投げ込まれたり。

あゝこれまでと思いし時竹皮揚笊公に掬い揚げられ、水の中に暫く身をひそめしが、間もなく掬い揚げられ、簀子箱之守の部屋にねかされ、ぬれた体をかわかしおりたる時、急に腹の街へ旅立つことに相なり垂一族へも布令を出す。

先ず一番に垂鰹之助

二番に大根絞り高遠之守

三番に紀州蜜柑丸

四番に葱野四郎大輔

五番に胡麻塩但馬之守

六番に相馬柚子王

七番に鷹の爪七味太夫
八番に鬼胡桃五郎丸
九番に納豆苞糸姫
十番に振掛海苔善次郎
此の外まだ〳〵大勢いるが中でも芹川鴨太夫、山鳥牛蒡陸奥之守は忘れてはならない名門の垂の一族です。
斯る面々が集まり来り丼瀬戸衛門殿の情で一族勢揃い致し、二本連木の割箸殿の案内で、前歯の宿から舌の車に乗せられて奥歯の茶屋で腰を掛け、喉の細道なよなよ鼻唄声も爽やかに
〽蕎麦は下地を慕いつつ、下地は蕎麦をいたわりつ肋の峠も恙く腹の街にと着きにけり。
さあお客さん謂も深いこの後奴の蕎麦味ももりも日本一、さあ一盛如何です。どうぞ蕎麦を肴に飲み直し、唄って踊って下さい。噺が余り長いとお酒もりのお邪魔です。此の辺でご免蒙ります。

『古乃春佐富初書』（巻物）
佐藤七蔵
佐藤善七郎　口上

蕎麦の誉め口上

東西〳〵ちょっと鳴物止め置きまして、ほほのほうと誉めましょう、ほめましょう。誉めることなど知らねども、ちょっと浅めにほめましょう。

さて本日御当家の御祝、餅と蕎麦との御馳走にてただ今にてはそば、一の谷ではなけれども、そば盛りようは敦盛でそばの盛りようは敦盛で、そばの切りようは玉織娘、たれは高遠、さっとかけたる花鰹、

一つ　ひまなきこの奴
二つ　ふたそばぽんととり
三つ　みごとに盛りかさね
四つ　ようこそお客様
五つ　えん結びのそばなれば
六つ　むしょうに売りひろげ
七つ　名高きそばゆえに
八つ　やたらとあがらんせ
九つ　ここでのお相伴

十に　とっくりあがり下されば
わしゃ嬉しやと、ほう〳〵敬って申す。

佐藤七蔵

蕎麦の誉め口上

東西東西、ちょっと鳴物をば止めおき、ほほのほうと誉めましょう。ほめましょう。
誉めるようこそ知らねども、さっと浅背に誉めましょう。
さて、本日ご当家のお祝餅そばのご馳走にて、ただ今にてはそば、一の谷ではなけれども、
そばの盛りようは敦盛で、そばの切りようは玉織姫、たれは高遠、さっとかけたる花鰹、
一つ　ひまなきこの奴
二つ　ふたおばぽんととり
三つ　みごとに盛りかさね
四つ　ようこそお客様
五つ　えん結びのそばなれば
六つ　むしょうに売りひろげ

七つ　名高きそばゆえに
八つ　やたらとあがらんせ
九つ　こゝでのお相伴
十に　とっくりとおあがり下されば
わしゃ嬉しやと、ほうほう敬って申す。

西会津地方口伝依　明書
新丸屋《しんまるや》の「掲額」

そばの褒め文

東西〳〵と鳴物をちょっと止め置きまして、褒める作法は知らねどもそば〳〵太郎光堅《かど》申するは、山畑上段に作られ五月六月依り陣を張り、八月九月とも相成れば鎌先役人に刈り取られ、暫く叺村に住居せしが、臼きねにざんげんを申され、絹羽二重の目を忍び八須賀村にと集まって、湯水を集め相談せしが、四角四面の板に載せられとん〳〵ちゃっき〳〵と戦いしが、あゝ、あゝかなわじと見るよりも、吾身《わが》は一寸試し五分試し一厘試しに試めされてとってもかなわじと見る依りも、釜鍋の中飛び込めば、竹川小笊が吸いとって水の中

に日よけせしが、いつしかお膳にもり重なり腹の町へと行くのにも、一から十まで召し連れて、
一番垂膳
二番根深之助
三番山せう三河之守
四番相馬柚之守
五番護摩塩之太郎
六番唐川荒木又衛門
七番七味唐がらし
八番八方にらみはたかのつめ
九番胡桃《くるみ》油之助
十番と相成りまして
納豆糸姫の太郎一から十番まで召し連れて、腹の町へと行くのにも、そそう蕎麦屋が売らずば行かれぬ、先づは家の父ちゃん母ちゃんに頼まれたそゝうそばやの売り方なれど、ごゆっくりと御召し上りくだしゃんせ。

『会津高田民謡保存会更科食堂主人之書』
伊東　実

そば売り口上

ソーバラク、ソーバラク、これより御屋方の御座敷にまかり出たる奴めがそば売りと御座い。

そもそもそばの太郎を三角と申するは、山端の上段に誕生な致し、七・八・九・十月頃より陣を張り、その頃里まえに於きましは官下鎌足公にと刈りとられ、石臼の目を偲び絹羽二重のお目通り鉢しか村へと寄り集り、ゆん数（ゆずのこと）を連れて相談をなす。四尺四面の板の上、ドッカ、ドッカと柔ら兵法のかりけいこ、板木駒と云う名馬に打乗りて、シャキ、シャキ（庖丁で切ること）と闘い、鍋島かまの中へとザヽザンブリと飛入り、湯花を散らして、またまた戦い、既に危ふしと見受し処、竹中揚ザル公にて救いとられ、そこに白箸兄弟立寄りて御膳までに盛重ねらる。

扨て扨てこれより腹の町に参るには、余多《あまた》家来ある中で

一番にタレカッ
二番に幕内ねぶたの助
三番にサンショウへりへりの将軍
四番にアイマユンズの神

五番に胡麻塩太郎
六番にはからかわ荒木又右衛門
七番に七味からしの太郎
八番に八方にらみのたかの爪
九番クルミのあぶらの助
十番には納豆糸髭《ひげ》の大夫《たゆう》
この家来をうち連れまして、前歯の宿をば通り抜け、奥歯の茶屋へと腰を掛け、ノドの細道ショナショナと腹の町へと着きにけり。
一つ　ひまなきこの奴
二つ　ふたをば跳《ハ》ね見れば
三つ　見事に盛り重ねたる　五段のそば
四つ　よその村々迄も味が自慢の奴そば
五つ　何時来ても変わり無き
六つ　むしょうてんに運びますれば
七つ　何杯もの御召し上り
八つ　屋敷の目出度さは、花さえ咲けば三角立ち、そば程目出度いものは無い

九つ　ここの商番屋へドト、ドッサリと御おろしを致しますれば
十に　お客様よ
父様や母様の御馳走と相成りますれば、十とトトとっくりと御召し下さい。
(八つと九つの間にさんさ時雨節にて歌を入れれば一段と引き立つでしょう。)
目出度《めでた》、目出度のこの屋《や》――
屋の座敷に――
鶴と亀とが舞い――
遊ぶ。　ショガイナア――

そば口上

馬場　勝　口上

祝言のとき
東西東西、ひょこひょこり現われましたるこの奴が、先づはほめましょう、ほめましょう。ほめる作法は知らねども、さささっとあさぎにそめおきましょうか、先づ床《とこ》正面にお飾りあるは、蝶きょ目出度きおんちょうし、二世も三世もかわらけの、舞樂にのせたるは、

三法すま台の楼《ろう》鶴の巣ごもりすこやかに、鶴は千年、長き亀の寿命、一家一門まきスルメにて、先づはおめでとうございます。

そば口上

これなる五段のそばの太郎三角と申しまするは、あれなる山端の上段にと誕生ましまされ、七・八・九・十・十月の頃までこゝに陣を張るとかや。

さてその頃、里前の大将は官鎌足にと刈り取られ、打板はりまの守にと打ち落されて、俵の村へと住みいたし、さてそれよりは、石臼の目をしのび、絹羽二重の上にとお目通りなし、四尺四面の板《ばん》の上にて、柔兵法のかりけいこなし、板駒という名馬に打ち乗りて、シャッキ〳〵と戦いしが、すでに危うしと見受けしところ、鍋島釜の中へとザザザンブリととび込み、湯花を散らして戦いしが、またまた危うしと見受けしところ、竹中揚ざる公にとすくいとられ、桶中清水へとはなされ、そこに白箸兄弟立寄りて御膳とまでは盛り重ねられる。

さて、これより腹の町へと参るには、余多《あまた》家来ありつれと、

一番にタレカッ

二番に幕内ねぶかの助

二番にサンショウピリピリの将軍

四番にあいまゆんずの神

五番にゴマ塩の神
六番にからかわ荒木又右衛門
七番に七味からしの太郎
八番に八方にらみのタカの爪
九番にクルミ油の助
十番に納豆糸鬚《ひげ》の大夫
この家来を引き連れて、前歯の宿をば通り抜け、奥歯の茶屋へと腰打ちかけて、のんどの細道ショナリ、クナリと腹の町へと着きにけり。

(そば屋の宣伝)

一つ　ひまなき、この奴
二つ　ふたをば　跳ね見れば
三つ　見事に盛り重ねたる　五段のそば
四つ　よその村々迄も売り広めたき　奴の心
五つ　何時来て見ても　味が自慢の奴めが
六つ　むしょうてんにと運びたてまつりますれば
七つ　何杯でも召しあがれ

八つ　屋敷の目出度さは、花さえ咲けば三角立ち、そば程目出度いものはなし
九つ　ここのお相伴
十に　おん客様よ
父様や母様の御馳走と相成りますれば、十とトト、トックリと御召し下さい。

鈴木敬喜　口上

そば売り口上

トウザイ、トウザイお座敷のにぎやかなところを一寸《ちょい》とおさえて五段のそば、そばえ〜そばえ〜そばえと、ととっと止めおきましては、このそばと申するは、そばの太郎は三角《みつこど》で一、二、三、四、五、六月土用と相成れば、あの山畑領内にと住居を定め、七、八、九月土用と相成れば、鎌切り公にと切り取られ、板の上にて打ち落とされて、うす、きねのざんげにより石臼《いすす》五郎左ェ門に引き落とされて、絹羽二重の目を忍《しの》ぎ、すぐに剣道《けんどん》屋へと逃げ込んで、やはら剣術けいこせしが御悪口《ごあいにく》様、すてでんてんがおててんてんてーんと打ち延ばされて越後では陰定《かげさだ》、会津では重春《しげはる》、重久の鍛えたる包丁を持って、しょっき、さっきと切り離され、石川五ェ門ではなけれども、あの釜の中へと入れられて、湯攻めに預り、

すでに一命危きところ、竹皮の揚ざる公に身を扱い上げられ、一時桶川水の中へと休憩せしが、すぐに白箸《しらはし》探偵にはさまれて御前と相成れば、

一番の老公には葱垂れ勝、

二番の老公にはくるみの五郎左ェ門、

三番の老公には納豆糸髭公にことからみとられ…

なれども、そばは雪洲一の谷、敦盛公の細身五段打ち、色白きことは玉織姫、御座敷裏には仙水に帆掛船、塩梅《あんばい》は義経、盛は熊谷ヶ次郎丹治直経《なおざね》あの敦盛を組み伏せながら、とい逃すは気は二心《ふたごころ》にきはまったり、逃さば逃せ熊谷諸供《もろとも》打って取れ―、おっと違うた、盛は熊谷ヶ次郎丹治直経ではなかった。熊谷ヶ茶椀にはてっかいが盛値投はげずき高とで、さっとかけたる花勝男《魚》、今日所々方々《こんにちしょしょほうぼう》より御出の御客様方、うどんやそばとは仰言れど、そばとは、

一つ　暇なきこの奴めが
二つ　蓋をば一寸と取り
三つ　見事に盛り重ね
四つ　他所《よそ》から御出の御客様には
五つ　何時でもさわりよく
六つ　無精と売りかける

無精といっても無精が違う、高田・若松・坂下にてお買い求めになりますれば、この一勝盛りが四百円から五百円何がしと云うところ、本日は御当家の婚礼の目出度さに、ここに御出の御客様だけに限り、ただの無償にて差し上げますれば、

七つ　難波に名も高き

八つ　やぼなるこの奴めが

九つ　この家の目出度さに

十に当所の名物なれば

さあ〳〵お求めなされお上りなされ、一膳より百膳が千膳までも売り駆けるそば屋はこの奴で御座る。

第一このそばの奇味《きみょう》を申し上げますれば、まずもって、こうした見事熊谷ヶ茶椀にと盛られ、二本箸をば杖にして、奥歯の茶屋へと腰をかけ、喉の畑道しょなくなと御客様方の腹の都へと運ばれる、そうするとどうなりましょう、胃感肺感はすーごやかになってくる。また口下《こうした》の回ることは税にこの車の風車か、汽車か、電車か、自動車か、新婚旅行のハイヤーか、回り出したら矢も楯もたまらねえーぢゃが、

（売りことば）

そーりゃ、そりゃ〳〵〳〵〳〵回って来たぞや、回って来たぞやあはやたなのと、さた

らなしたに、かけさしな、おんはまの二つは、唇の調子さわやかに、あ、売れること〳〵、あちらでも買うと仰言《おっしゃ》れば、こちでも買うと仰言る。白髪頭のおじいさんより、しらみたかりのお姿…おっと違うた白髪頭のお婆さんまでも買うと仰言る厚盛そばの十六膳、あかさたな、はまやらわ、いきしちに、ほもよろう、ひとつみたて、つみまめつみさん、さしょう小米《こごめ》の、生かみ小米のこん小米、ひつ、ちんちつ、ひつつちん、親も嘉平、子も嘉平、親嘉平の子嘉平の子嘉平の親嘉平の古栗木《ふるくりき》の古切口の切口の合せてむっきり貴様の脚絆《きゃはん》も皮脚絆、俺等が脚絆も皮脚絆、すっぱかぱかまの、すっぽこ、ぼころび三針針中縫て一寸とぶんだせば河原なでしこの弥陀如来あぼだら、だあ〜だあ〜がらがらぴ〜ぴ〜、お茶上りこぼし夕べも、こぼして、またこぼし、おちたら煮て食う、落ちたら煮て食う、煮えても焼いても食われめものには、金熊鉄柱石餅、堂寺の苦城の羅生門なり。

待った…まだそばのお求めのない御客様方は、もう少々お待ち下さい。すぐお届け致します。そばはたくさん仕入れて置きました故、お代わりは、いくらでも、いくらでも差し上げますれば何卒御心配なく、お腹十二分に御召《おん》し上り下さいますよう御願い申しあげまして、もしそばは切れてもこの縁切れず名は高とうと、まずは大吉日の吉日の吉日の今月今日

会津高田町大字○○○○○○様宅の納むる御世《みよ》こそ、ほほ敬ってお目出度う御座居ます。

五十嵐忠記　口上

そば口上

東西東西としばし鳴物を止め置きまして、今日今夜この御家のお目出たさに御主人公より頼まれてまかり出ましたそば売り奴で御座います。

だあがなれどもそも〱そばと申するは、一、二、三、四、五、六月土用と相成れば鎌足公にと刈り取られ、板の上にて打ち落され、臼杵斬切りより石臼五郎左ヱ門に責められて、総絹羽二重の目をしのぎ、剣道屋にと逃げこんで、柔剣術はけい古致しましたがすてんてんと打ちのばされ、会津では重成か重房、越後では重宗か重任の鍛えたる包丁を持ってさあき〱と切りきざまれ、石川五ヱ門ではないけれども釜の中にと入れられてすくい取られ、桶がわ水にと休息いたし、白はし兄弟にと盛りかさねられ、すぐ様御前と相成れば、一番の御老公にはたれ勝殿、二番御老公には幕の内ねぶかの介殿、まあった三番の御老公にくるみ五郎左ヱ門納豆糸ひげ公にとからみ取られ、だあがなれども、そばはせっ州一の谷、その谷では世にも名高いひよどり越、熊谷○○団地直実、敦盛公の色白く玉織姫、裏の泉水はほ掛舟、塩梅は義経公、盛は熊谷のお椀にでっかいが盛のさか落し、さっと掛けたる花鰹、諸所方々よりうどんよそばよと申せども、そばとは、

一つ　ひまなきこの奴

二つ　ふたをばちょいととり
三つ　みごとに盛り重ね
四つ　よそ迄売り広めたいと思うのがこのそば売り奴の働きでございます
五つ　いやじゃと云われても
六つ　むしょうと売りかける
七つ　浪速にさわぐよと
八つ　やぼなるこの奴
九つ　この五段のそば
十に　当所の御名物
さあ〳〵さあさ御召し上り下さい皆様よ、まったそばの召し上がらぬ御客様にはああら向こうの千畳敷、お宝物もおなぐさみ、まったおたばこぼんも差し上げまする。先づは五だんのそば屋のお笑い草、おう謹しんで御祝い申し上げ奉ります。

浅沼常雄　口上
（舟石屋より）

会津楚麦口上（美術巻物仕上）

東西東西、東西東西などと此の賑やかなる酒盛を注ぐ素となる田舎生れのこの奴が、ととっと留め置きまして売上げまするは五段の楚麦、楚麦の太郎と満かと申す者多くは野山に進遁し七八九月迄も陣を取りそれより関鎌刈皇にと刈取られ、石臼の目を忍び羽二重の御目通り初鹿村へと寄り集り、四尺四面の板に乗せられて、細長くじゃきじゃきとたた返すの湯水をもって、でっちでっちと相談せし関釜鍋皇へと召取られ、火花を放ってぐったぐったと叩返すところ、竹流上笊皇へと召し取られ、冷水之桶の水へと離されて著丁台御膳とまでも盛り重ねられ、楚麦の名物一の谷では無いけれど、色の白いは玉織姫塩梅《あんばい》は義経さん、敦盛さんの御年は今年丁度十六才私の楚麦は十六文奴余り高いじゃないか、へへえい高いとおっしゃるなら二半の値段でまけてやる。二膳なれば二百四十六、三膳なれば三百二十文で有りますけれども、今日御宅の婚礼且又この奴の披露の為只の無代にて身上つかまつりますれば、何卒ごゆっくりお上りなさる様お願い申しあげます。

扨てここらで卸しどっさり卸しますれば、

一つ　手間ないこの奴

二つ　二幅ない取って

三つ　美事に盛り重ねられ
四つ　他その人まで広めたいと思ったこの奴の考え
五つ　いつ来て見ても暇ないこの楚麦屋
六つ　無性に運びたて
七つ　何事無いように
八つ　屋敷の目出多さに
九つ　ここでの評判に
十に　突付突付と
一番から十番までのお友達を引き連れて
一番には重勝之助
二番には幕の内根深之助
三番には山椒味素ひりひりの将軍
四番には川川芹之助
五番には胡麻塩の紙
六番には抽子土佐の紙
七番には七味の太郎

八番には八方睨みの鷹の爪
九番には胡の油之助
十番には納豆秀の将軍を引き連れますれば、
先づ前歯の四空を通り抜け舌の車に乗せられて、奥歯の茶屋に腰をかけ、喉の細道しょなしょなとお腹の町へ行きにけり。
呼呼むこうに見えるは十七八の姐ちゃんが赤い腰巻ちょいと下げて白いお腿をちょい出して白地の手拭ちょいかけて楚麦之楚麦と呼びなんす。呼呼何事置いても行んじゃなるまいの。

坂内春吉

そば口上

東西〳〵鳴物をば止めおきまして、おん客様のお酒盛り真最中にもはばからずまかり出でたるは会津は高田町田舎そば屋の奴でござる。さて〳〵五段のそばと申するは、年に土用が三度あり、中の土用に種をまき、わずか一月《ひとつき》や二月にて丈がのび、丈がのびては花が咲いては三角《みかど》立つ、して又《たた》みかどと申するは、一条殿二条殿が左大臣、三条殿が大納言、四条殿が中納言、五条殿が小納言、この五条殿の名をかたどりまして、五段のそばと名づけまして、婚礼の座敷に売り出すそそうそば屋の奴でござる。

ほめましょう〳〵。ほめる作法は知らねども、花婿さんと花嫁さんをほめましょう。重々充分なるお花婿、これにつきそうお花嫁、色白いは玉おりひめか、照手姫、弁天様にもさも似たり。

長口上は秋田県、すべってころんで大分県、お金を拾って徳島県、何時でも笑顔で福島県。さて〳〵婚礼と申するは、人間一生一代の花を咲かすとの事なれば、花婿さんと花嫁さんが二ツ組に三ツ布団相や互にのきさしみではなかった。葱さしみであがらんせ。おなかぽてれん、たれしだし、そばは三杯、うまいは秋むじな、かようもっての二、八のね、二、八ねだんで高いとおっしゃるならば、つーつーとまけておけ、向うの小山のかげからは、十六、七の姉ちゃんが赤腰巻ちょいとたくり、おーいそばや〳〵と呼んでいる。なにごとおいてもゆかねばなるまい。

(竹原の前田重雄さまの思い出し文句による。会津民謡保存会の三つのそば口上の一つなり)

佐藤安紀

そば口上

（会津高田町誌に、私なりに一言入れたもの）

東《と》西東《とう》西、そばやそば、そばの本家本元は高田は文珠西、力そば屋と名乗りまして、永年そば売り営業仕り、本日は幸い四方各位のお引立を蒙《こうむ》りまして、沢山の註文を受け、我が身にとり大慶至極に存じ奉り候。

その屋そばと申するは、羽木曽根畑に誕生し、八、九、十と陣をとり大食官鎌足公に刈りとられ、いすゝの五郎左ヱ門にお目通り絹羽二重の目をしのび、鉢すか村へと湯をそゝぎ、ようやく集り相談し、四角四面の板上にと打のばされ、ステテコテンと手わら兵法を稽古し、まな板駒にうちのって、会津重足の鍛えたる包丁で、一分試し、二分だめし、キョッキ〳〵と切り離さ

れて、鍋釜の中に入れられ即に一命危き処、揚げ笊公に救われたり。

長口上は秋田県、スベッテ転んで大分県、いつも笑顔で福島県、いい人迎えて徳島県。

さてさて再度合戦仕らんと寒中をもいとわず水の中へザンブとばかり飛びこんだり。

八百萬の神の一心不乱に念じ奉り、あらわれましたる割箸公の手にかかり、てんで〳〵に白さやの一刀腰にたばさんで、そば箱の上に勢揃い。アーラ見事なり、これより腹の町へと参るには、前歯の宿を通り抜け、奥歯の茶屋に腰をかけ、喉の細道ショナ〳〵と胸板橋を打ち渡り、腹の町へとつきにけり。

サア〳〵お上りなさいやお求めなさい。そばは名物「力ソバ」一杯二杯は小手試し、皆さんお安く売りましょう。

(昭和四十九年四月、婦人会お姑様招待に於いて演ず)

佐藤安紀

そば売り口上

東西〳〵そばやそば〳〵そがの本家本元信州しなの、新そばよりも、私貴女のそばがよいとはシャレ口上。

高田名物○○そば、奥州一の宮伊佐須美神社脇に高田名物○○そば屋と名のりまして、代々そば売り営業をして居ります○○そば屋の「おやじ」でございます。

本日は○○家長男○○様と○○家の次女○○様とのお目出度い結婚式にお引き立てをいただき、そば沢山のご注文を承り、このそば屋にとり大仰至極に存じ奉り候。

その屋そばと申するは、ハギゾネ畑に誕生し、八、九、十と陣をとり、鎌足公に刈りとられ、石臼の五郎左ヱ門にお目通り、絹羽二重の目を忍び、鉢須賀村へと湯をそそぎ、しばらく集り相談し、四角四面の板上へと打ちのばされ、ステテコテンと手わら兵法をけいこし馬板駒に打乗ったり、会津重定のきたえたる包丁で一分だめし二分試しキョキ〳〵と切り放されて、ナベ、カマの中に入れられすでに一命危き処揚げざる公にすくわれたり。

長口上は秋田県、すべってころんで大分県、何時も笑顔で福島県、良い人むかえて徳島県、扨て再度合戦仕らんと寒中をもいとわず水の中にザンブとばかり飛び込んだり。

八百萬の神に一心不乱に念じ奉り、現れましたる割箸の手にかかり、テンデ〳〵に白きやの一刀腰にたばさんで、そば箱の上へ勢揃へ……アーラ見事なり。

これより腹の町へと参るには、前歯の宿を通り抜け、奥歯の茶屋に腰をかけ、のどの細道ショナ〳〵と胸板橋を打渡り腹の町へと着きにけり。

サア〳〵おあかりなさいや、お求めなさい。ソバは名代の〇〇そば一杯二杯は小手だめし、今日は皆様にお安く売りましょう。

そば売り口上

渡部寿子

東西東西チョッと鳴物止めおきまして、ほめる作法は知らねども、五段のそば売りの褒め言葉、そばそは太郎光門と申する者は、山畠上段に作られ五月、六月より八月、九月まで陣を張り、八月九月となれば鎌先役人に刈り取られ暫くかます村に住居せしが(ウス)(キネ)にざんげを申され石臼五郎左ェ門の目に止り、絹羽二重の目を忍び八須賀村にと集められ、湯水を集め相談せしかば四角四面の板にのせられ、ドンドン、チャキチャキと戦いしが(アツ)かなわじと見るよりも吾身に一寸試し一厘試しとってもかなわじと釜鍋の中に飛び込めば竹川、小笊が吸い取って暫く水中にひよけしが、いつしかお膳に、盛り重なり腹の町へ行くのにも一から十まで召し連れて

一番垂勝

二番根深の助

三番三しょう三河之守
四番相馬柚の守
五番ゴマ塩太郎
六番唐は荒木又ェ門
七番七味とうがらし
八番八方にらみはたかの爪
九番相桃油の助
十番と相なりましては納豆糸姫太郎
先づは一から十番まで、召し連れ腹の町へと行くのにも、ソソウ、そば屋が売らねば行かれぬ、先づはこの家の父ちゃん、母ちゃんにたのまれきたる。そそう、そばやの売り方なれば御ゆっくり召し上り下さんせ。

文集『いさすみ』二十八頁
小沢トク

蕎麦之褒文

東西〳〵と鳴物をば止めおきまして拙なき奴がまかり出で、そばの褒め言葉ほめるようこそ知らねども、さっと浅黄に褒めませう。

そばやそば、さてそばのふる里を尋ぬれば、そばの一代物語、六月土用入穂の頃に所方畑へと蒔きつけられ、山畑村に誕生いたし育ちましたるその名をば青木の与太郎と申します。お彼岸前に白き花咲き三角立ちその頃に家内の若武者が腰に縄、手に鎌を持ち来り与太郎は根足を刈り取られ、村の稲場にと干されしあと、ばったばったと叩きのめされ、あげくの果て石臼のざんげに依りて噛みくだかれ、絹羽二重の目を忍び出でしを丸木鉢左右ェ門の中にと投げ込まれ、湯水をかけられそのあとにでっちでっちと角力とらされしが、四角四面の栃板にひらりっと打上げられ、桐の中巻公に巻かれつ延ばされつ、されしあと鉋丁丸の刃にかかりちょっき〳〵と切りさいなまれ、その苦しさに火の入鍋釜島の熱湯に飛びこみしがすでに危ふきところを桶川の揚笊公にと救い上げられ暫くは水の中にと休息なしたるあと。

一番には垂勝之助

二番には大根紋高遠之助

三番には紀州蜜柑之助
四番には根深之四郎大細
五番には護摩塩辰馬之守
六番には相馬の柚之守
七番には芥川《あくた》の七味大三郎
八番には梅漬之小太郎種有
胡桃の五郎油之助は九番にて
十番には納豆太郎
この面々に巻きとられたり二本連木の牛にひかれ前歯の宿から舌の車にとうち乗せられ
奥歯の茶屋にと腰をかけ
のんどの細道ヨーナ〳〵と唄声高く肋峠《あぶら》を下りつつ腹の町へと着きにけり。

〽ハアーァ石になりたや石臼の石に
　となりに行くにも夫婦《めおと》づれィ〳〵
（二辺返し）

前田重雄

そばのほめ口上

東西東西、チョット鳴り物をば止め置きまして、ほほうほうとほめましょう。ほめましょう。ほめるようとて知らねども、さっと浅ぎにほめましょう。

さて、御当家お祝い、餅そばの御馳走にして、唯今にてはそば、一の谷ではないけれど、そばの盛りようは敦盛で、そばの切りようは玉織姫で、たねは高遠、さっとかけたる花鰹で、

一つ　ひまなきこのやっこ
二つ　蓋をばポンととり
三つ　みごとに盛り重ね
四つ　よそのお客様
五つ　出雲の神の縁結びのそばなれば
六つ　無性に売りひろげ
七つ　名高きそばゆえに
八つ　やたらにあがらんしえ
九つ　ここでのお相伴

十で　とっくりとお上りくだされば
わしゃうれしやと、ほほをうやまっ
て申されます。
『ふくしま民謡とわらべ歌』
（月刊ふくしま一九八六年三月号）
大越大雄　口上
金田　実

金山町

蕎麦のほめ言葉

東西、東西、東西、東西、と、しばらく鳴物をとめおきまして、これなる御見事なる五段のソバ（捧げ持ち）ほめましょう、ほめましょう。ほめましょう。

そもそもこれなるソバと申しまするは、元はと言へば裏の畑に誕生し、六・七・八・九月彼岸となれば大倉官鎌足公に刈りとられ、うす、きねのザンゲにより、しばし俵の中にと住いをいたし、これより粉やへと急ぎけり。

お湯でこねられ、四角四面の板の上にと静かにのせられ、ソバ太郎名馬の駒にヒーラリと打ちまたがり、トトトンくと修業をつまれたり昔たといは知らねども、会津で名高い藤四郎、四国で名高い兼定、何れも名人と名人との戦いなれば、ソバ太郎火花を散らして戦いけり。

あやまってお湯の中へザンブリとばかり、ころげおち、あわや命もあぶない所、スイ〳〵の神に救いあげられ、しばらく水の中にて休息いたし、おわんの舟にのせられて、山で打ちおとしたる烏カモ、ワサビやネギを召しつれて、骨身の汁をかけられて、お客様の前へと運ばれる。

舌の車にのせられて、奥歯の茶屋に腰をかけ、のどもと峠を歌でこす。

オーイそこゆくソバ太郎さんよ、からしとソバ太郎、腹の町へといそがるゝこそ、めでたけれ。

ホ・ホ　やっこ敬って申す。

加藤貞一

会津
山そば

昭和村

そばの生い立ち

そばらく〱ではなかった。志ばらく〱志ばらくはそばの生いたち、そばは矢ノ原、火野《かの》そば、そば太郎三ッ角と申せし者、はしめて山城の国へ誕生な致し、七月八月九月の頃を陣をはりしが。頃は六月土用すぎ、もったいなくも天津小屋根の尊、大政官藤原公に刈り取られ、俵村へと住居ナ致せ志が、きね臼のざんげにより、石臼五郎左ェ門に引き出され、ふるいやきね平殿に御目通り致し、鉢すか村に集りて、湯じめしの相談な致し、やわらなけい古は致し、板こまと云う名馬に打ち乗って包丁丸を拝領な致し、食器〱戦い志に、ここまた危うしと思い志頃水の中、湯の中をかいくぐり、火花を散って戦いしに、ここまた危うしと思い志頃、竹縄あげざる公に、すくい上げられ、水にて身をば清め、御膳にと打ち盛られ、今日《こんにち》御客様に合うて、向う時には、

第一番に続く侍は、焼き味噌の次郎たれ勝公とて、これはなかなかショッパキ侍なり
第二番に続く侍は、土佐の住人勝尾節長公《かつおぶしながこう》
第三番に続く侍は、根深やく味の助
第四番に続く侍は、高遠《たかとお》しぼりの助
第五番に続く侍は、加藤江ご麻の助くるり御前
これらの供をば引き連れて、前歯の茶屋をば通りすぎ
奥歯の茶屋へと傘を取り、のんどの細道たどたどと、胸板橋も無事に過ぎ、あばらの街道横に見て、お腹の町にゆっくりと着きにけり。
一つ　ひまないこの奴
二つ　ふたをばちゃんととり
三つ　見事に盛りしそば
四つ　四方《よも》の村々までも売り広めたるはこの奴の働き
五つ　いつでもヒマがない
六つ　無しょうに上がらんせ
七つ　名代《なだい》のそばなれば
八つ　舘《やか》のめでたさに

九つ　ここらで売り広め
十でとっぷりお上り下さい

舟木　武

三島町

ほめ言葉（そばの生い立ち）①

そばの生い立ちそば太郎三角と申す者、初め山城の国に誕生ましく〵七月、八月、九月の頃より陣を張りしが、勿体なくもかじ屋鎌足公にと刈り取られ、俵村へと住居なし、木うすのざんげんにより、石うす五郎左衛門の手にかかり、ふるいや絹兵衛のお目通りを到し、はちすか村へと集合なし、湯水の相談により、四角四面の板の上にと乗せられ、やりやわら兵法の稽古を致し、板駒と言う名馬に乗せられ、しょっきく〵と戦いしが、あわやあやしく見えし頃鍋島鎌鍋城にととじこもり、火花を散らして激戦奮闘又ぞろあやしく見えし頃、竹長揚げざる公にと身をすくい上げられ、水中にて身を清め、白はし兄弟集りてお盆へと打盛られ、腹の町へと急ぐには前歯の茶屋を通り抜け、奥歯の茶屋へとちょっと腰打ちかけ、のんどの細道しょなく〵と胸板橋を無事通り腹の町へとごゆっくり御納め下さいと、ほゝ敬って申しあげます。

馬場サト子　口上

そば口上 ②

東西〳〵と鳴物を止めおきまして褒めるようこそ知らねども、おそばでさっと褒めましょう。

さあて目出度いものはない。いらみにいらみしこのそばは、絹のふるいでふるいぬき、お湯でゆであげ清水で洗い、口に入れればこっき〳〵のつる〳〵と、千代をことほぐこのそばは、たれにも負けないかつおのつゆでそこでくるみもおそばでお役にたちたいと、誠にえんのふかねぶか（葱のこと）、ちょっとからいがつぶがらし、えんの糸引く納豆で、お客様のお望み次第、たくさん〳〵お上り下さい。

小松順吉　口上

魂のことば

甚六そば口上③

東西　東西と、おん客さまの鳴りものを止めおきまして、褒める作法は知らねども、お見事なる五段のそばを捧げ持ち、あっさりさっと褒めましょうか。

さあておん見事なるこれなるそばと申しまするは、元は裏の畑にと誕生いたし、六、七、八、九月土用となれば、大織冠鎌足公《たいしょっかん》に刈りとられ、臼きねのざん言《げん》により、やや暫くは俵の中にと住いをいたし、それよりその名も、蕎麦太郎三角《みつかど》などと名乗り、それより石臼の目にかかり、絹羽二重の目をしのび、うどん屋にと急ぎけり。それより四角四面の板《ばん》の上にと、しーずかに乗せられ、名馬の駒にヒラリとうちまたがり、昔たとえは知らねども、刀鍛冶《かじ》では正宗か、会津で名高い兼貞か、皆名人の鍛冶なれば、そば太郎火花を散らして戦いけるを、あやまってお湯の中へと、ザンブリところげ落ち、あわや命の危きところ、水嚢之助《すいのう》に助けれ、水の中にと休息いたし、あまたの家来を引きつれて、これより戦陣に向うぞ。奴《やっこ》、どうした、

まず第一番に連なる奴はなんとなあんと、ハハッ鰹節《かつおぶし》のタレ（汁）只今参上つかまつる。

して第二番目に（以下連なる奴……に同じ）大根おろし高堂之助《たかとうのすけ》只今参上仕《つかまつ》る。─

して第三番目に…山椒《さんしょ》ピーリピリのショウガ只今参上仕る。

して第四番目に…根深《ねぶか》之四郎高綱只今参上仕る。

して第五番に…それがしは胡麻《ごま》塩之助只今参上仕る。

して第六番に…ハハッせんぼん太郎生酢《なます》之助只今参上仕る。

して第七番に…それがしことは七色唐ガラシワサビの助只今参上仕る。

して第八番に…山鳥のシップク味与三郎只今参上仕る。

して第九番に…クルミの五郎油之助只今参上仕る。

して第十番に…それがしこそは納豆小太郎糸ヒゲ公なり只今参上仕る。

それなる納豆太郎糸ヒゲ公の白木の箸にとはさまれて、前歯の関所を通り抜け、ペーロペロという車に乗せられて、奥歯の茶屋にチョイと腰をかけ、喉の細道ショナショナとお腹の町へと急かるるこそ
ホホ　目出たけれて敬って申す。


（備考）このそば口上は「金山の民俗」からとったものです。二月十二日の「甚六そばまつり」のそば口上は、これと殆んど同じ内容でした。

片山恒雄　口上

以上の①②③は三島町公民館小松順太郎

桐の塔

河東町・湯川村

蕎麦売り言葉

昔から歳重や婚礼の場合など、祝いごとの宴の半ばに行われるものに、蕎麦売りがある。一種の余興で口上や手振りや姿恰好も亦、面白い。主として台所手伝いの人などが、客を饗応するために、宴会のたけなわ（酣）時間を見計って単独で行うもので、向う鉢巻にたすきをかけ、着物の裾を端折って帯の間に挟み、膳を肩に蕎麦茶椀にのせたものを、左手で支え、声高々と口上（蕎麦売り言葉）を述べながら、会場にあらわれる。

その口上は左の様なもので、内容には二～三の種類がある。

東西　東西　御客様の御高情をとめおきまして、甚だ失礼では御座りましょうが、わしは山がたかのばたけ、中の土用に種子を蒔き、種子を蒔いてはもいを出し、もいを出しては花が咲き、花が咲いてはみかど立ち、みかど立ったるそばなれで、うどんめにはづかしめられ、でっかいもりと陣をとり、花嫁さんや花聟さんではなけれども、納豆小太郎糸ひげ、ねぎのさしみでごゆっくり。

この口上が終ると、其の場所に蕎麦を置いて、お辞儀をしてひきさがり、再び二段の蕎麦を持って現われ、

さあ又出た又出た、そばやの奴で御座い。

一つ　ひまをば　なきとても
二つ　ひまをば　とりあげて
三つ　みごとに　盛りかさね
四つ　よその村までも
五つ　いつ来ても　売れるや　はやるや　このやっこうで　御座い
六つ　むだいに　あがらんせ
七つ　なにくさ　なきとても
八つ　やしきの　祝いそば
九つ　この家の　祝いそば
十で　とっさまの御馳走の　そばとあったなら　ごゆっくり――

川口正人　口上

五だんのそば売り

とうざい、とうざい、むせたところは御免なれ。拙者若いだけだと、おぼしめし、下されまして、理屈だけ覚えましたけど、はぢかけしめじのないうちに、とんと、ここらでとめおいて、お座敷を眺むれば、七福神のお酒盛、恵比寿、大里、布袋、福禄、毘沙門天、御縁結びの御神なり。おん花嫁は弁財天、おん花婿は浦島の太郎様ぞと申します。目出鯛を釣り上げて、上には鶴よ、下には亀よ、御縁結びの糸桜、まづ、しき三宝は、二人の長の、かばらけや、姉さん飲んで兄さんに、兄さん飲んで姉さんに、姉さん飲んで兄さんに、ここに一つのごすごすごしを、事細かに申すなり。やーれ、そばうりだ、そばうりだ。

そばと申せば、四・五月ころかのうきり、六・七月ころかのう焼き、八・九月ころ種もまき、十月の末には、鎌足公に刈り取られ、ちり打棒にて、打落され、臼と杵との、ざんげんにより、石臼の目をば忍び、白羽二重の、お目どうり、蜂須賀村にと、寄りあつまり、湯水をあつめ、あれやこれやと、四角四面のご盤の上で、やわら（柔）剣術も習い、チャキ〱と、戦いしが、かなわずして、かまなべの中に、飛びこんで、火花を散らして戦いけるに、その一命危きそのところ、竹長あげざる公に、助けられ、流れの水にて身を清め、膳わん白箸の前までも、もうりもうりと、盛り重ねられ、それに依り、第一番から十番までの、伴連《ともつれ》がございます。
第一番にたれかつ公
二番に大根しぼりの介
三番にさんしょ三河の国ぴりぴりの将軍
四番にねぶかの四郎高綱
五番ごましほ但馬の守《かみ》
六番に相馬ゆづまの守
七番に紀の国のみかんの介
八番にからかわ荒木又右衛門
九番にくるみの五郎あぶらの介
十番になっとう糸ひげの太郎
これ程の供人《とも》を引き連れまして、お座敷に売り出す、五だんこそばだ
一膳は唯の八十文、二膳上れば二八、百六十文、三膳上れば三八、二百四十文、島田娘が上るなら四八、三百二十文、やーれ、まけ、ます〳〵、あちらにと一膳、こちらにも一膳、一膳二膳の小売りでは、やりきれません。この辺にどっこいと、おろしましょう。これでも高いと、おっしゃるお客様さんが、おるならば、これより宿に立ち帰り、うどんし

たたて来るまでは、お客様へのお慰み。

『湯川村史第二巻』
遠藤光雄
鈴木喜美　口上

そば売りうた

一寸出ました　お笑いぐさよ
一つの小言は何ぢゃいな　巣衣まわりの　へこ帯に墨が付いても　知らん顔
二つの小言は何ぢゃいな　古いシャッポをいろ上げて　あみだにかぶって　知らん顔
三つの小言は何ぢゃいな　みんな氷の音《ね》をあげて　もとねに下っても　知らん顔
四つの小言は何ぢゃいな　寄って騒いでぐたまいて　酒がさめても　知らん顔
五つの小言は何ぢゃいな　何時も時計のひもばかり　時間きかれても　知らん顔
六つの小言は何ぢゃいな　無理矢理家賃の値を上げて　雨がもっても　知らん顔
七つの小言は何ぢゃいな　何か取ろうとごちゃまかし　人が来ただって　知らん顔
八つの小言は何ぢゃいな　焼けてもむけても千円の　火災保険で　知らん顔

九つの小言は何ぢゃいな　こうもりがさで顔かくし　人が来たとて　知らん顔
十つの小言は何ぢゃいな　当時はやりの長とんび　着物がぼろでも　知らん顔
十一の小言は何ぢゃいな　隠居おやじのくせをして　芸者買いしても　知らん顔
十二の小言は何ぢゃいな　あまり長いときらわれる　ここらで止めても　知らん顔
『湯川村史第二巻』
遠藤光雄
鈴木喜美　口上

そば売り短口《みづか》上

一つ　ヒマナシ　コノ奴
二つ　蓋をば　そっと取り
三つ　見事に　もり重ね
四つ　外方《よそう》にゃ　ないそばぢゃ
五つ　嫌《いや》でも　売りつけるこの奴
六つ　無精《むしょう》に　あがらんせ

七つ　難癖ない　そばぢゃ
八つ　矢鱈（ヤたら）に　あがらんせ
九つ　この家の　目出度さに
十は　当所名物名代の　そばなれば
さあ　さあ　あがらんせ　あがらんせ売り付け口上は知らねども……。

昭和四十七年頃までは、自宅にての婚礼にはこのそば売りの長《なが》口上と短（みづか）口上とは、欠かせない儀式の一こまであった。しかしそのころから町に大きな結婚式場が出来て、それを利用するようになったので、今ではそば口上は聞かれなくなった。

『湯川村史第二巻』
鈴木重雄

会津そば口上

東西、東西と呼びとめまして、本日この家のご婚礼の席上で奴おぼえしほめ言葉、ほめる言葉は知らねども、後先ぬいて中ぬいて、奴おぼえしあらすじを、そばの太郎でほめるなら、そばへそばへと申せば、末の土用に種をまき、わずか一と月やふた月にして花が咲き、花が咲いたら実を結ぶ、実をむすんだらみかど立つ、みかどと申せば京の今《きん》帝様の御紋なり。

昔おん江戸に一条には関白、二条には大納言、三条には中納言、四条には小納言、五条には左官、この五条をとりなして、五段のそばとは名づけたり、このそば中心は忠臣蔵ではないけれど、会津では兼定、四国では藤四郎なる名剣にて、シャンギ、シャンギと、駒を進められ、いまや湯の釜をわたらんと致せし時、あざける公にすくいあげられ、手おけまちうどんやはちべいに、打ちきよめられ、三日三晩の行をとり、そばは切れても、盛は岡山の鉄かいもり。

さぞお客様には財布はお軽でも、ご心配ご無用、はらごういんとなるまで、おあがり下さいましょう。

このそば口上は笈川字上本町五四番地の芦沢利家氏が、昭和五、六年頃に東京などで会津そば口上を客前でやりながら、実際にそば売りした体験を聞き書きしたためたものである。当時は派手た法被《はっぴ》姿に前掛をつけ、たすき姿で扇を持ち鉢巻をしめながら、音色あざやかに節回しよく、リズミカルに口上を演じたのである。芦沢氏は同じ集落の長谷川敏雄氏より習い覚え、現在も当時の口上服装を大事に保存しておられる。


『湯川村史第二巻』

荒川茂

会津坂下町

ソバのほめ言葉

トザイ（東西）トーザイと、鳴物をばちょんちょらちょんと止めおきまして、誉める様こそ知らねども、ちょっと浅黄に誉めましょう。ソバ安しや安しや、ソバの名代と申するは、先ず当村の若者が、鬼を欺《あざむ》くこの腕で、すっとんとんと打ち延ばしたるこのソバをまず高山より流れ来たる清水で、そそぎ上げてはもり重ね、もりは良常《よしつね》でっかいもりで、それにかけたるタカトウの、お客様や我等まで、ノド三寸の働きで、助け峠を差し越えて、腹の町へとホホ敬って申す。

『会津坂下町史民俗編』三三一〜三三二頁
永山竹吉

そば売り口上

マータ-、マ-タ、
一つ　ひまなしこの奴
二つ　ふたをば取り見れば
三つ　見事にもり重ね
四つ　よーそ（他所）のお客様
五つ　いつでも買いなんせ
六つ　無性に食べなんせ
七つ　名代のソバなれば
八つ　やたらと売り広め
九つ　ここらでお相伴《しょうばん》
十に　とっくり（徳利）とホホ敬って申す。

永山竹吉

そば口上

ソバーエ、ソバーエ……ソバは摂州一の谷、あづもり公は細身ごだんづき、色白く玉おり姫と見え来り、もりはくまがいのおわんにてでっかいもり、あんばいはよしつね公、ねだんはげじきタカトウで、さっとかけたる花がつを、まずこんにちのお客様、ソバやウドンとおっしゃるけれど、このソバは、

一つ　ひまないこのやっこめが
三つ　見事にもりかけて
四つ　よそう（他所）のおん客様
五つ　いつでもさわりなく
六つ　無性に売りたがり
七つ　なにわに名も高き
八つ　やばしなげせつめが
九つ　このやの○○様（この家の主人の名を言う）のめでたさに
十うに当所名物のソバ屋で御座い
サーサおあがりなさいめしあがれ……一杯が○○円（当時のねだん）でございますが、

二杯三杯となれば無料でさし上げます。アーレ御覧あれ。千畳敷にはおもりかえのソバが、たーくさんございます。おのぼりなさい。おあがりなさい。おもりかえのソバが、たーくさんございます。

そば口上

遠藤吉郎

ソバエー、ソバエー、そもそもそばの太郎と申するは、三つ角《かど》にて山中の上殿（田）に誕生致し、大織冠鎌足公に刈り取られ、タカラ村へと住居《すまい》致し、それより、臼杵のざん言により、石臼の目を忍び、白羽二重のお目通り、鉢須賀村へと住みにけり。ここにて湯水の戦いにて、四角四面の盤上に乗せられ、ばんぼう左ェ門に、トントントンと、やわら、兵法、稽古致す。盤駒という名馬に乗って、シャッキシャッキと火花を散らして戦いたり。とてもかなはじと思い、鍋島公に逃げ込みたり。それよりかけはし、すいのうのかみにすくいあげられ、清水の中にはなされたり。それより白箸兄弟集りて、御前（膳）に盛り上げ、ネギ太郎、納豆の介、高遠の守、一から十までの家来ぞろぞろ、ぞーろぞろ引連れて、今日《こんにち》今夜のお客様に、ツルツル（鶴々）カメカメ（亀々）とお上り下されますよう、ホホ敬って申す。

そば口上

古川利意

待った〳〵と一座を止めおいて、そつな奴がひょこらひょこらとまかり出《いで》、浅ぎにさゝらさっとほめましょう。

そも〳〵そばと申するは、山城の国は三河の城主、城内に御誕生。名前はいかにと云うなれば、三角の次郎三角と称し、来たる七月土用をしのぎ、八月、九月となりぬれば、磐梯山の吹き降ろし、十月初旬に雨のうねみの尊《みこと》鎌足公に刈り取られ、叺が村に身をかくし、板番の助と戦いし、臼の神きねん棒のざんげにより石臼の目に止り、ごろり〳〵と挽きつぶされて、絹白布たいのお目通り、鉢しか村により集まって、湯水を集めて相談し、松村節なし、桐ゆの神にヤハラ剣術を打習い、板かげろうの名馬の駒に打乗って、すてて、ん、てん、てん、てんと打ちのめされて、四国で鎌足、会津で刀四郎長光の名刀すらりと打抜いて、百騎々々と細く長くときざまれて、石川五右ェ門じゃなけれども、釜の中へと入れられて水攻湯攻の幾度か、上よ下への大乱闘。

火花を散らして戦いけるが、危うし所、竹皮推のうの神に救い上げられて、水神の神に迎いられ、桶の中へと暫く休息致し、高寺降しの若い美女達が清き清水でそそいでは盛そそいでは盛々は、盛郷高盛で、箸の礼儀を待ってお膳にうつ向い、続く下来は十人衆。

一番老公タレカツ鰹ぶしの将軍
二番大根おろし高唐の神
三番サンショウピリピリの将軍
四番幕内根根布かネギの助
五番ゴマじり塩の神
六番ソバは湯で湯の神
七番木の国ミカンの助
八番から木から皮唐がらしの将軍
九番くるみ合いの助
十番納豆小太郎糸の神に巻取られ、
春は花咲くホウホケキョと鳴く鶯の声にも勝る○○家の五段のソバなれば腹町へと急がれて、末は鶴々亀々と、御来場のお客様方、今後一層の御ひいきの程すみからすみ迄ずつ

〱とほゝ尊まって申す。
※ジェスチャー交いながらで六分間で終了、ジェスチャー行なわないで五分間。地方又は其の所により入替えあり。

石見　昭　口上

そば口上

暫らく〱とチョと一座を止めおいて、褒める用こそ知らねども浅ぎさっとほめましょう。

先づそばは畑《はた》山の城内に立って誕生致し、七・八月になれば、そばたるを三角《みかど》を立て、十月頃かん鎌足公に刈り取られ、叺村にと住所を定め（ウス）（キネ）のざんげんによって石臼《いしうす》の目にとまり、絹ハブタイをお目通り鉢しか村にと寄り集り、湯水を集めて相談致し、松村ふし無し桐生《きりう》の神にヤハラ剣術を打習い、板影ろうと云う名馬の駒に打乗って、昔「たとえ」はいらぬども四国で兼定《かねさだ》・会津では刀四郎の名刀ひらりと抜いて、ショッキ〱と戦いけるが、あやうしと見るより鑵釜鍋《かんかまなべ》公にと飛びこみ火花を飛ばして戦いけるが、竹の皮すくい上げ笊公にすくい上げられ暫く桶の中にと休憩致し、其れより箸の礼儀を

もってお膳に打向い、
一番労働たれ「カツ」
二番には大根おろししぼりの助
三番には三椒《さんしょう》三河の城主ピリピリの将軍
四番には幕の内ネブカの助
五番にはゴマ塩の神
六番相馬ユヅの神
七番紀の国ミカンの助
八番カラ木から皮正ヱ門
九番胡桃《くるみ》の五郎兵衛
十番納豆小太郎糸ヒゲ公に巻取られ
末は鶴々亀々と頬敬って申す。

長谷川彦一　口上

そば口上

そば名代〳〵そばの名物信州信濃の名物焼野《かの》そばや。

六・七月に種子を蒔き、九月初めに鎌の先にて刈り取られ、籾《もみ》打棒にて打ち落とされ臼《うす》ときねとのざんげんで石臼などに挽廻され細かなフルイにかけられて、お湯と水とでこねられて柳の板にと乗せられてシトトントントンと打ちのばされ、細く長くときざまれて、石川五衛門ではなけれども釜の中にと入れられて、湯より水にと上げられて、よう〳〵そば切りと名づけられ、

一つ　暇なきこのやっこ
二つ　ふたをばしゃんと取り
三つ　みごとに盛り重ね
四つ　他村の村までも売り広げ
五つ　何時も変らぬこのそば屋
六つ　娘が持ちいだす
七つ　名高いそばなれば
八つ　やたらに上らんせ

九つ　ここで御招番
十に　徳々利と末は鶴々亀と頬敬って申す

長谷川彦一　口上

会津坂下町窪倉

蕎麦口上（誉め言葉）

東西《トザイ》　東西《トーザイ》　まった〳〵と止め置いて、そそうな奴っ子がほめましょう。

ほめるようこそ知らぬども、さつと浅黄《あさぎ》にほめましょう。

そも〳〵蕎麦と申するは、山城の国畠《はたけ》山城内に御誕生名前はいかにと問いたるに、三角《さんかく》の次郎三角《みかど》と称し、来たる七月土用をしのぎ八月、九月となりぬれば、三角の次郎身づから、三角をたてて、磐梯山の吹き降す十月下旬に、雨のうねめの尊《みこと》大志官、鎌たり候に刈り取られ、叺《かます》か村に身をかくし折しところ、臼の神キネン棒のざんげによりて、石臼の目に止まり、絹羽二重のお目通り、ハツシカ村により集りて湯水を集めて相談致し、松村ふしなし桐生の神に柔《やわら》剣術を打習い、板かげらうの名馬に打ち乗って、ステテン、テンと打ちのめされて、四国では兼定《かねさだ》、会津の藤《とう》四郎長道《ながみち》の名刀スラリと抜いて、ひらり〳〵と身をかまい、細く長くときざまれて、石川五右衛門じゃなけれども、釜の中へと入れられて、水ぜめ湯ぜめの幾度か上よ下への大乱闘。火花をちらして戦いけるも、竹の皮シイノーの神にすくい揚げられて、水人の神に迎えられ、桶の神へと預けられ、しばらくはそこにて水そくいたし、高寺おろしの女中さんが、そそいでは盛り〳〵御膳に打ち向い続く家来は十人衆、

一番老公タレカツカツオ節の神
二番大根おろし高遠《たかとお》の神
三番サンショウ三河の城主ピリ〳〵将軍
四番幕内根深の助ネギの神
五番ゴマスリ塩の守
六番蕎麦はゆで湯の守
七番木の国みかんの助
八番唐《から》きカラ皮唐《とう》ガラシの神
九番くるみ合の守

十番納豆小太郎糸の守に巻き取られ盛りは大きく安けれど、春は花咲くホーホケ鳥と鳴く鶯の声にも勝《まさ》るこの〇〇家の五段の蕎麦なれば、腹の街へと急がれて、のどは鶴鶴亀亀と隅から隅までほほ敬まって申す。

大竹勝康

柳津町

五段のそばのほめ言葉

しばらくしばらくと、鳴り物をさて留《とめ》おいてほめるようこそ知らねども、こゝにそゝう奴がまかり出《い》で、そばの誕生より腹の中までにと、納まるまでのかんなん苦労の所、さっと浅黄にほめませう。

そもそもそば太郎三角《さんかく》と申しまするは、山畑城内に誕生致し、六七・八九月、土用になりすれば、大織冠鎌足公に刈り取られ、俵村へと住居《すまい》して、臼杵の讒言により、石臼の中をば廻り来たりて絹羽二重の目をしのび、鉢が村にと集りて、湯を入れ水を入れくるりくるりと練り廻され、板州《いたず》姫松の住人に柔剣道を打習《うちなら》わしは、仙台で正宗四国で重忠、会津で藤四郎長光、名馬の駒に打乗って、葵の下坂《しもさか》ひらりと抜いて、キャチキャチキャチと切りはなされ、お湯の中にと飛込んで、火花を散らして戦いしが、すであやらしと見えけれ

ば、竹篭にすくい取られ、水の中にと休息なし、御箸《おんはし》の礼儀にて膳に打向へば、あとにひかへし一族郎党一家中、

第一番にひかへしは、梅干小太郎種有、紫蘇の葉のよろいを召して、切立《きりたち》のかぶとをかぶりしは、これぞ一騎当選の若武者なり

二番には大根しぼりの助高等

三番には山淑《さんしょう》三河の助ピリピリの将軍

四番には幕の内ネブカの助

五番にはゴマ四方奴田島の守

六番にはからから荒木又竿《いも》

七番には四国密甘の助

八番には鼻を通すつぶ唐子の助与エ門

九番にはくるみ五郎油の助

十番には納豆小太郎糸重公にと巻取られ

急がば早いもの、前歯の門をくぐり抜け、奥歯の茶屋にと腰をかけ、のどの細道しよなよなと、腹の中にと納まる身こそ目出たけれ、ほゝうやまって申す。

『柳津町誌総説編』

新井田正男

蕎麦の褒め口上

東西東西と鳴物を一寸止め置きまして、粗そう粗末な奴まかり出でほめる作法も知らねども、あまり此の場がにぎやかで一寸おさいて賞《ほ》め言葉、ほめる言葉は数あれど忠臣蔵にてほめましょうか、一の谷にてほめましょうか、一寸思い付いたる後段のそばにてほめましょうか。

昔羽柴筑前の守の御家臣にみかどの入道そばなりとて一騎当千の若士あり、その出で立ち姿を見てやれば、身には黒つぼおどしの鎧着て、白ねぎの鉢巻きしっかとしめ、白箸のなぎなたちょっとこわきにかいこんで、高とうの馬に打ち乗りて、向うは大勢身は一騎、我れ越前を取らんとここに持ちたる此のそばは会津名物手打ちそば、食えば甘露の味がして、長寿長命疑いなし。

どうぞ御客様お召し上り下さいます様ほゝ敬って申し上げます。

鈴木政雄　口上

御客様からの返し言葉

只今の御声はどこのどなたか誰さんか物にたとえる様はなし。頃は三月中の頃、梅の小枝にホーホケキョと鳴く鶯の声か、それ共弁天郷の笛の音か、それとも若葉牛若丸の笛の音か、それにも勝るべきかとほほ敬って申しあげます。

鈴木政雄　口上

北会津村

そば売り言葉

東西東西と鳴り物を止め置きまして、さゝらさっとしたるこの奴、ちょとまかり出てゝ売りましょう。そば売り言葉も白紙の、分からぬ文の如くなれど、余り御家の賑やかさにちょとおさえて売りましょう。

さてさてこのそばと申するは、山畑町内に住居致し、一二三四五六七八九月、土用中ばと相成れば、鎌足《かまたり》公にと刈り取られ、すぐに臼杵のざん言に会い、石臼の目に止り、絹羽二重のお目をしのび、すぐにけんどん屋にとうち向い、柔剣道をうち習い、すってんてんと打ち延ばされ、越後では兼定、会津では繁久か繁春の打ち延べたる金《かな》包丁にて、しゃっきしゃっきと切り離され、すぐに火の中湯の中へと投げ入れられ、火花散らして戦いしが、すでに命危きところ、竹皮揚げ笊公にと掬い取られ、水中に入り、やゝ暫くの間御休息を

致されしが、白箸兄弟なる者うち寄って、御膳御膳と盛り重ね、その時さし身と申す供勢十人付きまして、

第一番にはたれかつ公

第二番には幕の内ねぶかの助

第三番には三しょう三河の住人ぴりぴりしょうがの助

第四番には相馬ゆづのかみ

第五番にはごま塩の守

第六番にはからか荒木又衛門

第七番には七味がらしの太郎道真《みちざね》公

第八番には八方にらみの鷹の爪

第九番にはくるみきざみの助か

第十番には納豆糸ひげ公にと巻き取られ

いづれも歴々の御ん人、ねぶかの槍をつゝ立てゝ、声高《こーい》とうで、下えしたじと触れ流し、腹の町へと急がんと、さしかゝる時、奥歯の茶屋にちょと腰打ち掛け、のどの細道しょな〳〵と、むな板橋をうち渡り、腹の町へと急がれて、そばァい、そばえと売り広めれば、一膳は八厘か二膳は一銭六厘か、ささ御客様売代よこせと言ったれど、御家のお祝の事な

れば、御代価御気づかいなしに御上りあって効能おためしなされ、あちらでも買うとおっしゃればこちらでも買うとおっしゃる、いやもう売れることは売れることは、敦盛そばの十六膳、色白く玉おり姫はお座敷に、裏には泉水帆かけ舟、あんばいは義経公、盛りは熊がいの茶わんに天がいが盛り、ねだんは気色高とうで、さゝらさっと掛けたる花かつら、まったそばと申するは、

一つ　ひまなきこの奴
二つ　ふたをばしゃんと取り
三つ　見事に盛り重ね
四つ　よその人々も
五つ　いつでも変りなく
六つ　無性に売りかける
七つ　名代のそばなれば
八つ　やたらに売れ広め
九つ　この家《や》の目出度さに
十つ　当初の名物そば

さあ〳〵お上りなさいやお求めなさい。売れることは売れることは、あちらでも買うと

言いばこちらでも買うという、まったこちらのしらみたかりのおじいさん、ぼうばなたらしのおばあさんも買うとおっしゃる。おっとちがうた、白毛頭のおじいさん、歯なしのおばあさんも買うとおっしゃる、言葉はてぎれいに売り掛けましょう。まったそばお求めの御客様方は、あれ〳〵千畳敷の御座敷に、お通りあれや、おかざりあれ御客様、うどんもそばも差し上げる。お煙草盆も差し上げる。そばは安くも名は高とうで、一膳お代り遊ばせば、口《こう》中に納まる御代こそ、まった何処村（当集落）何の誰がし（当主人の名）様の御宅に納まる御代こそお目出度や、そば屋奴のお笑い草ほゝうやまって申す。

秋山俊雄

塩川町

会津のそば売り言葉

東西〳〵先づ今日の御祝儀を　きくらげが始め指折りふせて　松茸でお客様には初茸で飲めや上れやしい茸で　茸づくしは知りもせで　序出しをしては大いにむせた　むせた所はごめんなされ若い茸と思召せ　拙者土かぶり候へど　りくつ茸ます茸で恥かちしめじのないうちに　ととどん、とんと、ここらで止置きましてごだんのそばのほめ事を一寸一口申しましょう。

そばらくや、そばらくや、かのそばと申するものは畠山城内にて誕生致し　七八九の土用になりぬれば　鎌足公にて刈り取られ　それより田の中村に住居なし　そばの太郎三角《みつかど》と名を名のり　もみ打棒で打落され　石臼で身をくだき　絹二重の目を忍びおはちの中にて元服なし　四角四面の盤の上　節なし松村桐と云う両君に剣術をばうちならい　それよ

り板かけ名馬の駒に打乗って　昔たとえはいらねども　会津で藤四郎　四国で兼定　青い
下坂ひらりと打抜き　はっしはっしと切りはなしお釜の中に飛び込んで火花を散らして戦
えけるが　湯水のせめ苦に耐えかねて　すんで危く見えければ　竹川城主上笊公にすくい
とられ桶の中にて休息をなし　それより流れの川にて身を清め　すぐに膳部にうち向えば
　第一番にとろろうたれかつ
二番に大根たかとの助
三番に参州三河の城主七色からしの助
四番根深四郎高綱
五番にごま塩の守
六番に相馬柚子の守
七番に紀の国みかんの助
八番に早川又衛門
九番にくるみの五郎油の助
十番に納豆太郎糸姫
などを共につれお口の宿になりぬれば　奥歯の茶屋に腰を掛け　のどの細道しょなしょ
なと広いお腹に行くばかり　ああら売れる　こうら売れる　あちらでもご用こちらでもご

用　一杯が二杯　二杯が三杯　三杯が四杯となりぬれば天の岩戸も押し開く
一つ　閑なきこの奴
二つ　蓋をばちゃんととり
三つ　見事なこのそばを
四つ　他所のお客さん
五つ　泉のよいように
六つ　むりにも上らんせ
七つ　名代のこのそばを
八つ　奴が売りかけて
九つ　ここらでご相伴
十に　とっくりおあがりなさい

阿部　薫

そば売り口上

東西〳〵ちょっとなるものをとめおきましてそちらなるやっこが　そば売り等とは恐縮

のいたり候え共　先ず本日のご祝言はきくらげより指折ふせて松茸で　お客様には初茸で呑めや上れやしい茸で茸づくしも知りもせず出したばかりで大いにむせたむせた処はご免なさい　拙者はりくつ茸には候えども　恥かきしめじのない中に先ずはここらで止め置いて　そばらくじゃそばらくじゃ

先ずそばの太郎赤城三ッ角と名のり置き　かのそば申すものは　畑山陰に住いをいたすものなれば八月頃かのや畑へと播きふせられ　もはや土用の九月十月頃となりぬれば　花咲き実を結びしその時に十七八のねえちゃんが赤いたすきを綾に取り　鎌たり公にて刈り取られ塵打ち棒にて打ち落され　きねと臼とのざんげんで　ようよう石臼の手にかかり絹綿天の目をば　しのび入り朱塗り鉢へと暫時《ざんじ》休息を致す　湯を入れ水を入れ　ぺたらくたらぺたらくたらの試練の早業　そうれよりけやき五件《ばん》のその上にひいらひらりと打乗りすととんとんと角なるそばを重なる棒にて、うすまらうと打ち延し　むかしたといはいわねども会津では藤四郎の名剣四国で金定青石正角がしらりと抜いてぱちりぱちりと切りはなされ　身を危きそばの太郎湯の中火の中そうっと飛込み　火花をはなちて戦はず　あわやとあわ立つ竹川の上げ　ざる公にてすくい上げられ　流れの水にて身を清め　すぐに膳ぶに打向う

一番にたれかつ

二番に大根しぼりの助
三番にさんしょう三河の上洲
四番にねぶかの四郎高綱ではなかった佐々木の四郎高綱
五番にごましお田島の守
六番に紀の国みかんの助
七番にゆずの守ぴりぴりの将軍
八番に荒ぎれだての十郎
九番にくるみの四郎油の助
十番に納豆太郎糸姫公にて巻きとられ
しばし花かつ共につれ　前歯の茶屋を通り抜け　奥歯の茶屋へと腰を掛け　喉の細道お
腹の広い所にしょなりしょなりと行くばかり
一つ　ひまなきこの奴
二つ　蓋をばちゃんととり
三つ　見事なそばなれば
四つ　よそうのお客様
五つ　いつ　でもあるじゃなし

六つ　むしょうと上らんせ
七つ　名代の鎧そば
八つ　奴が売り掛ける
九つ　ここらでご相伴
十にとっくと皆売れた
ああ売れる　こうら売れる　あちらでもご用とおっしゃれば　こちらでも　ご用と
おっしゃる　一杯が二杯　二杯が三杯と度重さなれば雨の岩戸もおし開く

関本信子

磐梯町

そば口上について

長きことは目出度きこと目出度きことは蕎麦の花花咲き実なりて三角となるぞうれしき。そばは古来より日本人の無くてはならないものでした。痩せた高冷地でも栽培が可能なために特に会津のような山国の人間にとっては重要な作物であったのです。年越しそばは細く長いそのそばの姿にあやかり来る年も長生き出来ますようにとの願いが込められていると言います。いずれにしても長いということは長寿にも長者にもつながるという縁起をかついだものなのでしょう。もっとも会津では元来年越しそばを食べる風習は無く年越しの晩はざくざく煮と塩びき（塩さけ）と決まっていたようです。その昔山国会津で食べられる海の魚と言えばせいぜい塩びきぐらいのものでした。そのため一番のごちそうを年越しの晩に食べる風習が残ったのでしょう。しかしだからと言ってそばの縁起に因まなかったというわけではなく、元旦の朝にそば二日に餅三日にトロロと正月の食事は決まっていたのです。長い縁起のよさは祝言の席でも必ず出されたということを見てもよく分かります。その際そば〝口上〟が述べられ宴席を大いに盛り上げたと言います。

口上は会津万才の流れを汲みそばの誕生から腹に収まるまでをおもしろおかしく述べています。しかし会津万才共々今ではすっかり目にすること耳にすることのできなくなった懐かしい会津の風景でもあるのです。

トザイ東西とチョット鳴り物をとめつきまして誉めましょう。誉めましょう。で始まりそばの栽培から茹で上げられるまでを立て板に水のごとくテンポよろしく口上を述べ立てます。

お湯と水とに固められ鞍馬山昭乗坊にとうちのめさる。その時板鹿毛という名馬に打股がり包丁丸という名刀を振り翳すシャッキ、シャッキ、の勢いで釜中島へと陣をとり湯の中火の中にと火花を散らして戦えば既命の危うき所を竹中上げざる公にと救い上げられしばらくは竹の篠の子の御座敷にと休まされ　さらにタレ　薬味などの家来を引連れ二本の箸を杖となし奥歯が茶屋に腰をかけ喉塚村も歌で越しアバラが峠を差し越えて腹の町へとほほ敬って申す。

と、お腹の中に見事に収まりますこの口上は宴席を大いに笑わせ、そばの味を一層引き立ててくれました。今では口上はめったに聞かれることがなくなりましたが、長いそばに託し新しい人生の門出に立つ御両人の幸多き人生の長からんことを祈る気持ちは変わらないものでしょう。

磐梯町本寺　磐梯そば道場
道場主　長谷川吉勝　解説

徳一ソバ口上

東西々々、飲めや歌えのおん客様をとめおきまして、誠に失礼様に存じますが、手前はみちのく会津磐梯山、猫魔、厩岳山、古城峰と続く山裾の会津仏教文化発祥の地恵日寺の徳一ソバ屋の奴なり。先ず、ソバの前提より申し述べましょう。

昔千二百年前、奈良、平安と続く仏教文化の盛んなりし頃、徳一と云う坊さんあり。粗衣粗食にあまんじ、五年間に亘り最澄空海などと論争し、三一権実論を展開せしも都を去り、筑波山を経てこの地に来たり。

布引きときえて来たれば更科の
月の輪がたにつくと思いば

当時、病脳山始めあたりの山々が爆発ありて、地域の人々は生活に苦しんでいた。穀物はとれず作物は実らず、そしてこの地に清水寺を建立し、先ず、食物からとソバを作り、その場をしのぎ住民をすくったのである。

これ徳一ソバのゆえんであるソバ屋の奴。

ソバの作法は知らねども、年に三度の土用あり、中の土用に種を蒔き、三日四日で芽を出し、生えたちましては茎葉が繁る、十日二十日で花が咲き、やがて秋ともなりぬれば、花が散ったあと、一角二角二角と帝《みかど》たちまする。帝と申すは、昔天上様をさして申すなり、一条通りは大納言、二条通りは中納言、三条通り三納言、四条通りが平納言、五条通りの段をかたどりまして、五段のソバをうりかけますればこの奴。

この家の祝言ともあるなれば、花婿さんや花嫁さん、金の屏風にお腹ぼてれん、あつもり、これもり、味のよいのを義経公、器量のよいのを玉織姫と、彼方此方のおんあいに売りかけまするはこの奴。

一つ　ひまなしこの奴

二つ　蓋《ふた》をばぽんととり

三つ　見事に盛り重ね

四つ　他《よそ》の村までも

五つ　何時《いつ》でもはやるソバ
六つ　昔より
七つ　名代のソバなれば
八つ　屋敷回りにとれたるソバ
九つ　この家の婚礼であるなれば
十で　父さん母さんの祝いのソバ
何がなくともネギの刺身でむしょうやたらとあがらんしょ。売れるは売れるは、買いましょう買いましょう。一杯が二杯、三杯が四杯五杯と度重なれば、天の岩戸もおし開く。

磐梯町本寺　磐梯そば道場
道場主　長谷川吉勝　口上

そば口上

東西東西《とざいどーざい》御客様の御言葉を差止めまして居出立ちましたや参りましたや、そば屋の奴、私は○○○そば屋の奴成りそばの作法は知らねども年に三度の土用有り、中の土用に種を蒔き三日四日でおい立ちて十日二十日で丈をは伸びて丈おば伸びれば花が咲き花咲きおさまりや実角立つ金天様の御紋にさもにたり、鎌切り包丁にて刈り取られ筵《むしろ》の上にとあげられて籾打棒《もみうちぼう》にてすててんすててんと打おろされて石臼車《いしうすぐるま》にかけられてごろりごろりとかみくだかれて、絹羽二重の目をば忍びぬけ、鉢の中いと入れられて湯や水にてかきまぜられてねつちごつちとねりまわされて踊り櫓《やぐら》ぢゃないけれど四角四面の板の上にとあげられて、ごく正直な棒おば頂きます、藤原剣術稽古をつみ御手てんてんてんと打のばされて、会津では杉定国定の銘刀の手にかかりしよつきむつきと切りおろされて石川五右衛門並びといたし釜の中いと入れられて煮い立ち上ろうとすれば水さされ、又

も煮い立ち上ろうとすれば水さされ今や命の危き処、竹なわ水のう公に救いあげられて水の中いとざんぶりこ色白きこと鷹鳥姫味は大和のつるし柿、細身五段で名はたがとあつもりそばともうされて熊がい茶椀にでつか盛りに盛りかさね、一膳盛りがただの六厘、二膳盛りが一銭二厘、今日は此の家の御目出度で無料サービス致します、向の町長さんから此方課長さんにと御ゆつくりめし上れ。

磐梯町本寺　磐梯そば道場
道場主　長谷川吉勝　口上

熱塩加納村

そば売り口上

東西東西、先づ今日の御祝儀をきくらげが始め指折りふせて松茸で、お客様には初茸で、飲めや上れや推茸で茸づくしも知りもせで、序出しをしては大いにむせた。むせた所はごめんなされ。若い茸と思い召せ。拙者土かぶり候えど、りくつ茸ます茸で恥からしめじのないうちに、とととんとんとここらで止め置きまして、五段のそばのほめごとを一寸一口申しましょう。

そばらくや、そばらくや、かのそばと申するものは、畠山城内にて誕生致し、七・八・九の土用になりぬれば鎌足公にて刈り取られ、それより田の中村に住居なし、そばの太郎三角《みつかど》と名を名のり、もみ打ち棒で打ち落とされ、石臼で身をくだき、絹羽二重の目を忍び、お鉢の中にて元服なし、四角四面の盤の上、節なし松村桐と云う両君に剣術をばうちならい、それより板かけ名馬の駒に打ち乗って、昔たとえはいらねども、会津で藤四郎、四国で兼定、青い下坂ひらりと打ち抜き、はっしはっしと切りはなし、お釜の中に飛び込んで、火花を散らして戦えけるが、湯水のせめ苦に耐えかねて、すんで危うく見えければ、竹川城主上笊公にすくいとられ、桶の中にて休息をなし、それより流れの川にて身を清めすぐに膳部にうち問えば、

第一番にとろろたれかつ
二番に大根たかとの助
三番に参洲三河の城主七色からしの助
四番に根深四郎高綱
五番にごま塩の守
六番に相馬柚子の守
七番に紀の国みかんの助
八番に早川又衛門
九番にくるみの五郎油の守
十番に納豆太郎糸姫

などを共につれ、お口の宿になりぬれば、奥歯の茶屋に腰を掛け、のどの細道しょなしょ

など、広いお腹に行くばかり。ああ売れる、こうら売れる。
あちらでもご用、こちらでもご用、一杯が二杯、二杯が三杯、三杯が四杯となりぬれば、
天の岩戸も押し開く。

一つ　閑なきこの奴
二つ　蓋をばちゃんととり
三つ　見事なこのそばを
四つ　他所のお客さん
五つ　泉のよいように
六つ　むりにも上らんせ
七つ　名代のこのそばを
八つ　奴が売りかけて
九つ　ここらでご相伴
十に　とっくりおあがりなさい

木戸フミ子　口上

五段のそば（その一）

東西東西一寸鳴りものとめおきまして、ここにそば売り奴がまかり出て、さてはそばと申するものは、かのや野畑にすみかをいたす。土用というのは年に三度、中の土用に種をまかれ、三日四日でもえがだし、もえが出しては丈がのび、丈はのびては枝がさし、枝がさしては実がむすぶ、実がむすんではきんてい山のごもんにさも似たり。一丈なれば大納言、二丈なれば中納言、三丈四丈となりぬれば、十六七の姉さんが赤いしごきをちょいかけて、白地の手拭ちょいかぶり、黄金の鎌にて刈りとられ、もみ打棒にて落とされて、いすすの中へとかけられて、こまやかなふるいにふるわれて、湯さし水さし丁度―ちぺたんこたんとこねまされ、さては一番けやき板にのせられて、うすくまるくひきのばされ、さては金や銀やの包丁で、細く長く切りさばかれて、さては石川五右衛門ではなけれども、かま入りまでもさせられて、ようよう五段のそばが出来上り、

一つ　人様珍しく

二つ　ふたをばちゃと取って

三つ　見事のこのそばを

四つ　およそのお客様

五つ　いつまであるものよ
六つ　むしょうと上らんせ
七つ　何よりこのそばを
八つ　奴が売りに来て
九つ　ここでのお相伴
十に　とっぷりとお上りくなんしょ
（買いましょう、買いましょうの声がかかる）
向う熊谷は、ぶっかれそばなれば、こしにあかざやをそえ、念にねんとを入れられて、あちらにも一ぱい、こちらにも一ぱいたびかさなれば、しんえいのお酌に立って親と子の栄えを祝う、祝言めでたけれ。

木戸フミ子

五段のそば（その二）

……前掲のものと同じ文句……

湯さし水さしぺたらこたらとかきまわされ、四角四面の板の上にのせられて、やわら剣術をならい、会津では柳生とうしろうの名剣をひらりと打抜いて、しゃきりしゃきりと切りはなされ、それより湯の中へととびこんで火花散らして戦うところに、危きと見えたその時に、竹皮あげざる公にすくい上げられ、これより西に田付川という大川ありて七日七夜の行をいたし、四十八畝までとり立てたるそばでございます。

さあさあお客さん買ってくださんせ。たれのあんばいは義経公、一番にとろろ、二番にはかつうという侍は骨をけずって味を出し、三番に納豆糸ひげ公という侍は、ひげのある数しれずと申すなり、お花嫁お花婿は浦島太郎ぞと申すなり、あら売れる、こら売れる、あちられでも御

用とおしゃる、こちらでも御用とおしゃる、うれしいな、一杯が二杯、二杯が三杯、三杯が四杯、度重なれば、天の岩戸もばはらぱっと押し開く、またぞろ御免をこうむりまして、昔昔羽柴秀吉の家臣にしてみかどが入道そばなりと、とうせ一騎の若者にて年は二八の細育ち、さの時のいでたちは、くろつぼおどしのよろいを着て白葱の鉢巻をしめ、しらはしのなぎなた小わきにかいこんで、向うも見ずに入りけり。

さあさあ、おん客様おぜんにつけつけーと敬って申す。

（浪曲）　しらはし兄弟道づれに前歯の番所通りぬけ、奥歯の茶屋へと腰を掛け

（詞）　これこれもうしおそばさんどこへゆかしゃるのと云われましたるその時に

（浪曲）　のどの細道しょなしょなと大はらまちへと急がるる。

木戸フミ子

猪苗代町

ソバ売り口上

東西東西、ちょっと座敷の鳴物を止めおきまして、下手な奴がまかり出で、ほめるなんぞはしゃれた事、これもお客様方の御馳走なれば、ささらさっとあさぎにほめましょう。さて、私はソバ屋の奴でございます。このソバはソバ太郎マカキ水角と申しまして、五、六月頃にとなりますれば、かの畑にと蒔きつけられ、それよりかの畑より誕生なしたる所、七、八月頃にとなりますれば大織冠鎌足公にと刈りとられ、それより暫くの間、人の軒場あるいは野原にと休憩をなし、それより臼杵の讒言《ざんげん》にかかり、石臼の目を正し、それより絹羽二重の目を忍び、いで丸木左ヱ門様方にて、湯水と共にでっちでっちと団根をなし、それより雪とひゃっこい水にて四角四面の盤の上にと、鳥の利秋公にと剣術を打ち習い、それよりチョッキチョッキと切り刻まれ、それより湯に飛び込み、火花を散らして戦えば、危なき所に竹皮揚笊公にとすくいとられ、それより三日三晩の行をなし、七世垢離《こり》をとったるソバなれば、会椀にと打ち盛られ、まあでっかい盛富士の山よりまだ高く、これでも代価はただの一文もなし、さあさあお客様方一椀なりともおあがりください。

まったまった下味がござる。

第一番にタレ鰹の助

第二番身上高遠登りの助

第三番には紀の国みかんの助

第四番目には夜吹川夜太郎の助

第五番目には胡麻塩の守

第六番には武者修業の助

第七番には納豆白髭《ひげ》左ヱ門

第八番には八幡太郎の助

第九番には胡桃油の助

第十番には徳川時代の武者修業ではなけれども骨を削って味を出したる下味であれば、さあさあ、お客様方沢山おあがり下さい。

まったまった、只今このソバ太郎が申しまするには、お客様の前達奥達の茶屋にと腰を掛け、のどのトンネルを通り、腹の町にてゆっくりと、休憩をいたしたいと思っております。

小鮒寿美

ソバ売り口上

東西、東西と申しましても、西や東ばかりが東西・東西ではご座居ません。今日は目出度御婚礼、何か御祝い申したさに、弁の回らぬこの奴女が、ほめる作法もしらねども、七福神のお酒盛にはジイとバアの御仲人で、これはさて置き、売りかけましょう。買いかけましょう。五段のソバ、ソバ楽しや、ソバ楽しや、ソバの太郎は三角と申します。

山畑の上段に誕生致して、七・八・九・十月頃まで陣をとりその頃里前におかれましては、鎌足公のざん言により、鎌の先にと刈り取られ、晴天十日もさらされて、もめよはたけや打ち落し俵の村へ住居せしが、石臼様のお目通り、粉の助と改名致し、その頃鉢すか村にて湯水引寄せ、相談せしが、身体は団子に丸められ、四角四面の板の上にのせられて、ストトントンと打ちのばされて、細く長くと刻まれて、駒をいさめて、シャキシャキとささかいしが、敵は多勢、身は一騎、一分だめしや五分だめし、石川五右衛門ではなけれども、釜の中にと入れて、そこを通りし竹中筰公にと救いあげられて、やれうれしやと思いしに、またも水の中にと入れられて、ようようでんぶに盛り重ね、そばの助と改名致し、その郎党たれかと尋ねれば、

一番にはたれ鰹
二番には葱の根深之助
三番には山椒は三河助
四番に椎之茸衛門
五番には胡麻之塩太郎
六番には相馬柚之助
七番には七味芥子之助
八番には八方にらみのタカの助
九番には胡桃油之助
十番には納豆糸髭太郎

これなる郎党を引き連れ、前歯の茶屋を通り過ぎ、奥歯の宿に腰を掛け、奥の細道ショナショナと胸板橋を渡り過ぎ、腹の町へとトップリお納め下さい。

（後口上）

余り私奴女がへらくれればヒワ・ミソサザエにもさも似たり楽屋の方より、よせとの御声のかからぬうちに、ツルツル、カメカメとほほうやまって申す。

佐藤春雄　口上

北塩原村

大塩蕎麦売口上書

東西東西《トザイトーザイ》、当歳《とうざいー》とは牛馬のことではありません、また西東の事でもございません、私は東京浅草三丁目そばや押売奴と申す者、本日は福島県耶麻郡北塩原村大字大塩大黒福の神家のご婚礼と聞きうけまして昨夜の急行で急ぎ参上いたしました。

サァーテ、サァーテ、蕎麦の目録と申しますと、土用は春夏秋の三度有、夏の土用に火野を刈り、火野を刈っては焼き払い、種子をまいては實をむすび、實は三角《みかど》を立てて天子様の御紋にサァーも似たり、一丈となっては中納言、二丈となっては大納言、九月の末になりぬれば十七、八なる姉さんが、白い手拭い頬かむり、赤い襷《たすき》をあやにして、黄金《こがね》の鎌にて刈りとられ、二本の藁で束ねられ、ソバ打棒でおとされて、ジャンカな石臼《いすす》で引廻し、細かな篩《ふしえ》に通されて、丸い木鉢に入れられて、お湯やお水を入れられて、あちらこちらと掻《か》き廻し、丸く固くとデッチられ、四角い盤にのせられて、三尺あまりの棒をもち、トントン、トトンと伸されて、コマ包丁にあてられて、七五三にと刻まれて、石川五右衛門ではなけれども、熱い釜なべにゆでられて、清水真水《まみず》にさらされて、いよいよ出来あがった五段の蕎麦でございます。

一つ　ひまないこの奴
二つ　蓋をばキャンと取り
三つ　見事なこの蕎麦を
四つ　よろしくお客さん
五つ　いつものこの蕎麦を
六つ　美味いかあがらんせ
七つ　名代のこの蕎麦を
八つ　奴が売りだせば
九つ　ここらでごし相伴《しょうばん》
十で　とっくりあがらんせ

タレ案配は義経公、むこう熊谷《くまがえ》ブッカケ蕎麦、喉の通りはヒヨドリ越の坂おとし、花嫁さんに花婿さん、葱でネッチリあがらんせ、アァ、マチゴウタ、マチゴウタ、葱の刺身であがらんせ、勘定《かんじょう》は暮《くれ》勘定、アッ卜キ払いの催促なし、石橋の腐れるまでお貸し致します れば、どうぞごゆるりと行末ナガァークあがらんショ、長々の口上お聞きとめ下さいまし て、マーコトニ有難とうございました。

謹白

平成三年正月復元

北塩原村郷土芸能保存会

高郷村

ソバ口上

東西東西、々々、々々、と止めおきまして、お客様の前をもはばからず、失礼さんでございます。

私は東京は浅草三丁目に、ソバ屋家業を営んでおります、ソバ屋の奴でございます。本日は御当家○○様の御婚礼と承りましたので昨夜より急行に急行を重ねまして只今もって致着致した次第でございます。

まず目録と申し上げますれば、ソバには色々ございますが拙者とつ弁乍らがいりゃくだけを申し上げます。

先ずソバは春早く土用に種を蒔く、土用、々々と云いましても年に三回、中の土用に種をまき、種をまいてわずか三日、四日にして其の芽は生え、芽を生えては丈《たけ》をなし丈をな

しては枝をなし、枝をなしては三角《みかど》を立ち、三角立っては、天子様の御紋にさも似たり、一丈なしては小納言、二丈さしては中納言、三丈さしては大納言、四丈の丈となりぬれば十六、七の姉さんが、赤地の腰巻ほっかむり、イヤーまちごうたまちごうた、白地の手拭《ぬぐい》ほゝかむり赤いたすきをあやどって、黄金の鎌で刈り取られ、もんぶつ棒の手にかゝり、車やいすすの目をくぐり、粉はふるいとかけられて、お湯と水とでこねられて、正方なるけやきの板えとのせられて、正直棒の手にかゝり、うすく丸くとのばされて、こまと包丁の手にかゝり、七五三いときざまれて、アーヤ、石川五右衛門じゃあるまいに、かま入り迄も致されて流れの水で清められ、ようよう五段のソバとなりぬれば、

　一服ないこの奴

二つ　ふたをばしやんと取り
三つ　見事な此のソバよ
四つ　よそのお客さん
五つ　何時でもあるソバよ
六つ　うまいから上らんせ
七つ　名代のこのソバよ
八つ　奴が売りに来て

九つ　ここらでおしょうばん
十で　とっくりとおあがりとうぞんじたてまつります
さてく〳〵おねだんと申し上げますれば、ただの一ぜんが十六文、二ぜんが三十二文、おかんじょうと申し上げれば、飯豊山の雪の消える頃、前にかけたる大きな石橋のくされる頃、ある時払いの催促なし、どーんとお貸し申し上げますれば、どうぞごゆっくりとおあがりとう存じたてまつります。

物江　茂　口上
公民館長　小林　恂

そばの賞め言薬

東西〳〵お客様を呼び止めまして、ここにそば屋屋号の奴でございます。賞める様こそ知らねども、サッとあさぎにほめましょう。大阪は道頓堀道頓堀は一丁目二丁目三丁目松竹屋と云うそば屋々号の奴でございます。

さていよいよこれより畑山城に陣を取り、七、八月土用の時期に蒔きつけられ、花が咲いては実を結び、九月中旬とも相成りますれば鎌足公に刈り取られ、臼杵のざんげにより絹羽二重の目を凌《しの》ぎ欅の板にのせられて、ステテンテンと打ちのばされ、会津では重平越後では重光と云ふ名匠の包丁により、チョキン〳〵と切りはなされ、石川五右衛門じゃなければども、湯の中火の中火花を散らし戦いけるに、危いところをザル公殿にすくい上げられ桶川公に情をなし、いよ〳〵お膳と相成りますれば、朱塗りの椀に盛り重ね、

一つ　ひまなしこの奴
二つ　蓋をばサット取り
三つ　見事に盛り重ね
四つ　よそうのそばなれば
五つ　いつでも有るそば屋
六つ　無性に上がらんせ
七つ　名代のそばなれば
八つ　やたらにあがらんせ
九つ　この家のご評判
十に　とっくりとお上り下されば
ご亭主始め勝手一同に至るまで、わしゃ嬉しゃとホヽうやまって申す。

渡部一男　口上

西会津町

そばのほめ口上

○秋は婚礼のシーズン。その祝宴にはきまって「さんさ時雨」や「めでた」などの祝い歌がうたわれますが、会津地方には、そばに関した口上を述べて、それをふるまう風習があります。

○〽東西東西、チョト鳴物をばとめおきまして、ほうほうとほめましょう。ほめるようとて知らねども、さっと浅《あさ》気にほめましょう。さて本日ご当家お祝い、餅そばのごちそうにて、ただ今にては、そば、一の谷ではなけれども、そばの盛りようは敦盛で、そばの切りようは玉織姫で、たねは高遠、　さっとかけたろ花鰹で、

一つ　ひばなきこのやっこ

二つ　ふたをばポンととり

三つ　みごとに盛り重ね
四つ　よそのお客様
五つ　出雲の神の縁
六つ　むしょうに売りひろげ
七つ　名高きそばゆえに
八つ　やたらにあがらんしえ
九つ　こゝでのお相伴
十に　とっくりとおあがりくだされば
わしゃうれしやと、ほほを敬って申されます。

（新聞の切り抜きによる）　西会津町

◯口上を述べるのは、たっつけ袴に半天の男で、そのあとに着飾った女子が、参列者の分をもって続きます。はなやいだ気分をさらに盛り立てる一場面です。

佐藤安紀

そばのほめ言薬

東西〳〵私は本日御当家の御祝に招かれたる田舎そば屋で御座います。さて誉める様こそ知らねども、チョイト浅黄にほめましょう。ソモ〳〵この蕎麦と言うものは、六月土用の末の頃狩野畑にて誕生し、名はそばの太郎赤木三角と申します。年は二八の若者で八、九月の頃となりまして大将軍は鎌足公にと刈り取られ稲場の村へさらされて、杉棒曲りの助にバッタ〳〵と打ちたゝかれ、みは丸殿の目をしのび出で羽田唐箕の守の試験に漸く採用となりましたが、石臼五郎のざんげにあい散ざん苦しみ絹羽二重様の御情けにより、円木八左衛門方にて湯水と共に談合いたし四角四面の欅道場にて桐の中昭殿にて剣術を習い、駒を勇めてショッキ〳〵と切りはなされ直ちに熱湯の中にと飛び入りて、火花を散らして戦いました。すでに危きところを竹川上ざる公に救いとられ三日三晩の行をします。その時松箸兄弟進み出て黒の椀にと打ち盛ってもりたる盛は敦盛公、後から続く御家来は、

一番にはたれ家中の介

二番には信州高遠しばりの介

三番には紀の国ミカンの介

四番には葱の与太郎根深の介

五番にはゴマ塩の守
六番にはつぼ落しのよろい飯
七番には白ヒゲ納豆左衛門
八番には越後ユゾウの介
九番にはクルミ油の介
十番には当町の若者が集ってねじり八巻タスキをかけ凌ぎを削って味を出したる此の蕎
　麦なれば、
どうか一座の御客様竹箸夫婦に案内をさせ、舌の車にうちのっせて、奥歯の茶屋に腰をかけ、のどの坂道唄で越し腹の宿屋にゆっくりと泊めていたゞきます。
ほゝ敬って申す。

西会津町

そばのほめ言葉

東西〳〵チョイト鳴物を止めおきまして御客様の前もはばからず、ゴゾウを見せるあきびかな…とは拙者の事、さてこそ蕎麦と申するは、僅かひと月、ふた月で花が咲き、花が咲いては三角立ち、三角立てば実を結ぶ。

さて婚礼と申するは、人間一代の花が咲き、きんけい様の菊の紋どころ様の居るところ。さて京都で申するは、一条殿はかんぱく殿、二条殿は左大臣、三条殿は大なごん、四条殿は中なごん、五条殿は小なごん、此の五条通りをかたどって五段のそばと名をつけて、この御座敷に売りあげる信州更科郡の名物なり。

これもこちらの御客様上にかけたる花かつを、花のおいどは平こうじ、しばしんめい前の馬方そばとは事違い、盛の良いこと、でっかい盛がんあじ盛りそば平山の食いどころ花嫁様、花婿様二つまくらに三つぶとん、おはらぽてれんと味しだし、相やたがいのねぎさしみ、ではおあがり下され、おたべ下されとほゝうやまって申す。

西会津町

山都町

そば口上

東西、東西ととめおきまして、お客様の前をはばからず失礼さんでございます。横は東京は浅草二丁目で、そば屋嫁業を営む　そば屋の奴でございます。本日はご当家○○様の婚礼と承りまして昨夜より急行に急行をかさね、只今もって参上いたした次第でございます。

まず、目録と申し上げますれば、そばにはいろいろございますが、このそばは夏の土用に種を蒔き種は三日四日にして、その芽は生え、芽をなして丈をなし、丈をなしては枝をなし、枝をなしては三角たち、三角たちては文珠のご紋にさも似たり。

一丈さしては、少納言、二丈さしては中納言、三丈さしては大納言、四丈の丈となりぬれば、一六、七の姉さんが、赤い腰巻ほおかぶり、いや間違うた、白地の手ぬぐい、ほおかぶり、赤い欅をあやどりて、黄金の鎌にて刈りとられ、モンブツ棒の手にかかり、車や石臼の目をくぐり、粉はフルイにかけられて、水とお湯とでこねられて、四角なる欅の板にのせられて、丸くうすくのばされて、駒や包丁の手にかかり、七、五、三ときざまれて、アーリャ石川五右衛門じゃあるまいに釜入れまでもさせられて、あやういところを　スイノウの情によって　すくいあげられ、ようよう後段のそばとなりぬれば

一つ　ひまない　この奴
二つ　ふたをば　しゃんと　とり
三つ　見事に　盛り重ね
四つ　よその　お客さん
五つ　いつもの　このそばよ
六つ　むしょうと　あがらんしょ
七つ　名代の　このそばよ
八つ　奴が　売りにきて
九つ　ここらで　お相伴
十で　とっくりおあがりとう存じ奉ります

さあてさて、お値段はと申しあげますれば、一膳がたったの十六文、二膳で三二文、お

勘定はと申し上げますれば飯豊の山の雪の消える頃、また家の前にかかりたる石橋のくさる頃、ある時払いの催促なし、ドーンとお貸し申し上げますれば、ごゆるりとお上りとう存じ奉ります。

『山都町史第三巻』

高橋武子

郡山市・白河市・十日町市（新潟県）

そば売り口上

東西東西皆様のお盃のやりとりを、ちゃんと、とめ置きまして、弁のまわらぬこの奴、下手な口上をもって申し奉る。そもそも、そばを申するは、山畠上畑にて誕生いたし、名はそば太郎三角と申す。六、七、八月ごろ種子蒔すれば、こうけん鎌足公に召しとられ、俵村へと住居を定め、臼や杵のざんげにより、石臼《いすす》の目にかかり、絹羽二重の目をしのび、鉢氏が村へと参りますれば、湯の花を散らし、ひきぢをもって相談いたし、四尺四面の盤の上にて、松阪節無公、之エートントンやわらけんじゅつをうちならい、歌芸という駒《こま》の名馬にうちのって、シャキン、シャキンと切り放たれチョイト湯釜にとび込んで、ものに例えは言わねども、竹皮揚げ笊公に救い上げられ、五段のそばにと盛り重ね、あまた家来を引き連れて、

一番に藤太郎
二番にはなづ菜の神
三番にはかながわ荒木又右衛門
四番にはかながわ荒木又右衛門
五番目はごまめの神
六番には大根六之助
七番七味唐辛子のかん太郎
八番にはにらみの鷹の爪
九番にはくるみ五郎の油の助
十番目には納豆の糸ひげ公に召し捕られー
一から十まで、そそうなるこの奴が取り揃えつとめますればさあさあお客様！
何程でも四方の海へと盛りいたす、盛り方は大盛り、たれあんばいは義経公、ただ一杯では須磨の浦、さてさて、これはこちらのお客様、あれはあちらのお客様へと、奥歯の椅子へと腰をかけ、腹の原へと急ぎうりひろげますれば、庭の方からも、そば屋と手で招く
(玄如節で)
〽はあー行かじゃなるまいーいとまごいだよ

今から四十年昔の戦前には、お祝言に必ず、この「口上」をやった。大きな平鉢を肩にかつぎ、ねじり鉢巻きで、身ふり手ふりも面白く、おかしくやった。この「口上」をする人は、とにかく芸人といわれる人がやっていた。現在では、やることも、みることもなくなった。


『郡山の民謡わらべ歌』

湖南町赤津

口上

よってきな！　あがってきな！　食べてきな！　まあ……来てみろ
とにかく食べてみろってば…。この味分んなければ話しになんね。

一回食ってみろ、くせになっから…。

どこがうまいんだ？どこさ行ってもみんなうまいから心配ねえから行ってみろ。

白河の「そば」と「ラーメン」はまづ水がうまいもんない。そうすっと「つゆ」も「スープ」もうまいわい。そばもラーメンもみんな手打ちだもんない。まづいわけがねえ。

一杯飲んでから食ったら、まづたまげっからし。

昭和六十三年十月十日

「生そば&ラーメンマップ味のシルクロードしらかわ」より

蕎麦の褒め口上

あまり結構珍しさに、私がちょと褒めてあげましょ。そもそもそばの始まりは、信州は信濃の国くろもくの名産にて、カンナ刈り干《ほ》しつき起こし六月下旬となりければ、そばの種とてまかり出《い》て、月の恵み日の恵みそばは充分生い繁り、木守り萱守り案内子の神は五人帳りは十五束そのいでたちの勇ましさ用心厳重に構えたり、さらば月日に関守なく、はや十五夜の月は過ぎ、そばは白《しろ》花さきこがれ、その香は四方《よも》にさじければ、黒装束の三角と相成り、その帝をばくつがえさんとて、石臼櫓にとびあがりごうごうと回しければここにまた篩《ふるい》の金助とて握り掌でごっつんと張りとばせば、そば粉太郎八平の門ぎゅうと押しひらき中より一騎現れましたるが山芋の鉄之助とて相撲取りの名人がどっこいと組みついて　ねんじねんじあげてはねんじおろし　打板谷にどーんとほかせば麺棒之助早業《わざ》の侍がおっ取ってはおっ散らかし、おん伸してはおっ畳み、包丁之助広幅が駒を早めてとっとっと切りつけたり、鍋黒ひょう鍋蓋取った之助が、火の手を指して待ち受けたり、そば入道長盛はいざこの時とばかりに敵の陣地へ飛び込んだり、すいのう向井の文平《ぶん》・飯箸の兄弟があーら危い危いといざなぎ上げたり、ここにまたさいめん小四郎とて色白き侍が笊の岡へと陣をはり、はるか座敷の方《かた》をば睨むれば、座敷の方では大騒ぎ、鯛の浜焼き・刺身の五郎・金平之助に煮豆の三郎、戦う所に出で来る小四郎続いて出て来る弁慶が七つ道具を背にまとい、下地の旗をばひるかえし亭主様があちらこちらへと回って采配を振るのもみな小四郎の手柄でございます。

ちょと申してそばの褒め口上といたしておきます。

新潟県十日町市六箇の二ツ屋
俵山辰造　口上
上村政基

あとがき

私はわが会津には隠れた貴重な文化財がまだ〳〵数多くあるのではないかと考えて居ります。それを掘り起し文化的遺産として後世まで大切に保存したいと考え、この度は「そば口上」を主点に編集し、出版しました。

本文中の文字使いに関しては、出来るだけ原稿にそって表わしました。なお、南会津郡内には「そば口上」がないとのことです。

平成四年五月

編者　元木　慶次郎

（参考文献）

猪苗代町史（民俗編）　湯川村史（第二巻）

猪苗代湖の民俗　会津坂下町史（民俗編）

新鶴村のざっとむかし　柳津町誌（総説編）

会津高田町誌　山都町史（第三巻）

金山の民俗　郡山の民話・わらべ歌

ふくしまの民謡とわらべ歌

福島民報・読売新聞・日本農業新聞

編者略歴

元木慶次郎（もときけいじろう）

大正四年九月二十日生まれ。

昭和十二年三月二十日福島県師範学校本科第二部卒業。

昭和五十一年三月三十一日教職を退く。

その後、社会教育指導委員、退職公務委員連盟、吾峯会、遺族会、社会教育委員、退職校長会、老人クラブ、公民館運営協議会、人権擁護委員、老人のための明るいまち推進協議会、等の役職を歴任す。

会津そば口上

一九九四年十一月三日　初版発行

【改訂新版】

二〇一九年一月二十三日　第三版発行

編　者　元木　慶次郎

発行者　阿部　隆一

発行所　歴史春秋出版株式会社

☎〇二四二(二六)六五六七

印　刷　北日本印刷株式会社